강점지능 살리면,
뜯어 말려도 공부한다!

강점지능 살리면,
뜯어 말려도 공부한다!

1판 1쇄 발행 2006년 8월 25일
1판 6쇄 발행 2012년 4월 1일

지은이 다중지능연구소
펴낸이 김영곤 **펴낸곳** (주)북이십일 아울북
부사장 임병주 **출판개발실장** 주명석
북디자인 디박스 **마케팅·영업본부장** 최창규 **영업** 이경희 정병철 **마케팅** 김현섭 김현유 강서영
출판등록 2000년 5월 6일 제10-1965호
주소 (우413-756) 경기도 파주시 문발동 파주출판단지 518-3
대표전화 031-955-2100 **팩스** 031-955-2151 **이메일** book21@book21.co.kr
홈페이지 www.book21.com **트위터** @21cbook **블로그** b.book21.com

값 10,000원
ISBN 978-89-509-0916-1 03370

강점지능 살리면,
뜯어 말려도 공부한다!

시키지 않아도 공부하는 아이로 키우는 비결

다중지능연구소 지음

많은 부모들이 내 아이가 공부를 잘 하기를 바랍니다. 내 아이가 공부를 잘 할 수만 있다면 생활비를 교육비로 몽땅 털어 넣을 수도, 뒤늦게 생활전선에 뛰어들 수도 있을 만큼 부모 마음은 절절하기만 합니다. 그러나 부모의 이런 바람에도 불구하고 대부분의 아이들은 공부 소리만 해도 고개를 젓습니다.

왜 아이들은 공부를 하기 싫어할까요? 공부라면 고개부터 가로젓는 아이들을 공부 재미에 푹 빠뜨릴 확실한 방법은 없는 걸까요? 어떻게 하면 뜯어말려도 공부를 하게 할 수 있을까요?

우리는 부모들의 가려운 곳을 긁어줄 수 있는 해답을 다중지능 이론에서 찾았습니다. 1984년 하버드 대학의 가드너(Gardner, H) 박사는 「마음의 틀」이라는 책에서 아이들의 '지능'을 IQ와 같이 편협한 수치로 이해하지 말고, 여덟 가지 다양한 지능으로 이해해야 한다고 주장했습니다.

1990년 다중지능 이론이 처음 소개된 이래, 우리나라에서는 수많은 관련 서적들이 출간되어 왔습니다. 그러나 대부분은 다중지능의 측정을 다루거나 이론을 다시 언급하는 수준에 국한되었고, 다중지능 이론의 핵심인 '강점지능'을 활용한 구체적인 공부 방법을 제시하여 부모들의 가려운 곳을 긁어주는 책은 거의 없었던 것이 사실입니다.

이에 우리는 부모들의 간절히 바람에 부응하고자 이 책을 쓰게 되었습니다. 누구나 갖고 있는 다중지능, 그 중에서도 가장 잘하고 좋아하는 한 가지 강점지능을 살리면 공부가 즐거워지고 쉬워진다는 사실을 많은 부모들에게 알리고자 합니다.

이를 위해 1부에서는 공부 잘하는 사람들의 비결을 알아보고 2부에서는 다중지능 테스트를 통해 우리 아이들의 다중지능 특성 및 강점지능을 찾아보게 하였습니다. 그리고 3부에서는 강점지능을 살려 학교 공부의 흥미를 찾아줄 수 있는 구체적인 공부 방법을 소개하였습니다.

이 책을 통해 자신만의 강점지능을 알고 세상에 둘도 없는 나만의 재미있는 공부 방법을 찾기를 바랍니다. 그래서 부모님들이 제발 공부 좀 그만 하라고 도시락 싸들고 아이들을 말리는 꿈같은 일이 모든 가정에서 일어나길 바랍니다.

이 책이 나오기까지 많은 분들이 도움을 주셨습니다. 기획 단계에서 책이 나오기까지 여러 일에 수고를 마다 않고 지원해주신 아울북의 원성식 과장님과 나은경 기획위원님, 원고를 맛깔나고 정연하게 정리해주신 정임 선생님께 감사드립니다. 그리고 이 책이 나오기까지 애정어린 토론을 함께 해주신 다중지능연구소 김범수 대표이사와 여러 연구원들께도 감사드립니다.

다중지능연구소는 계속 더 즐겁고, 더 신나게 공부할 수 있는 방법들을 꾸준히 모색해 갈 것입니다.

다중지능연구소 저자 일동

> 66 자신의 강점지능을 활용하여 공부하고자 한다면
> 그것만으로도 이미 절반은 성공한 것이다. 99

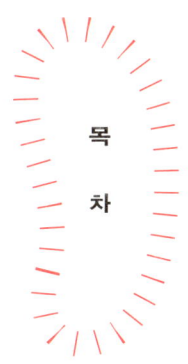

목
차

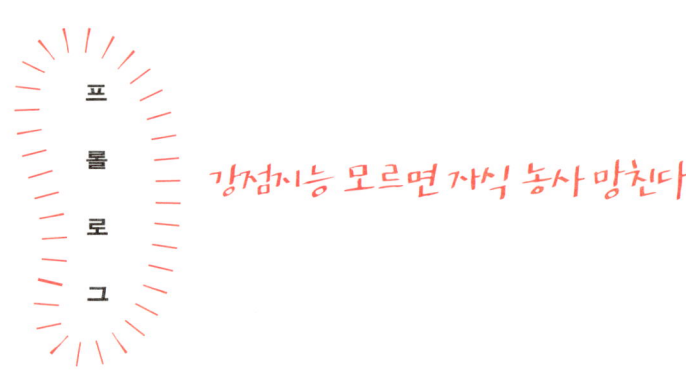

강점지능 모르면 자식 농사 망친다!

운동을 좋아하면 반드시 운동선수로만 키워야 할까?

초등학교 4학년인 영훈이는 만능 스포츠맨이다. 축구면 축구, 야구면 야구, 수영이면 수영, 못 하는 운동이 없고, 무슨 운동이든지 쉽게 배우는 영훈이에게 사람들은 틀림없이 박지성 못지않은 훌륭한 운동선수가 될 거라며 칭찬을 아끼지 않는다.

그러나 영훈 엄마는 사람들의 칭찬이 달갑지 않다.

"운동 잘해봐야 운동선수밖에 더 되겠어요? 그나마 운동선수로 성공하려면 지금부터 공부 때려치우고 운동만 시켜야 하는데 그랬다가 성공 못하면 누가 책임을 지나요?"

우리나라에선 어쨌거나 공부를 잘하지 않으면 성공하기 힘들다는 게 영훈 엄마의 생각이다. 그러니 공부는 안중에도 없이 눈만 뜨면 밖으로 뛰쳐나가는 아들이 기특하기는커녕 걱정될 수밖에.

　고민하던 영훈 엄마는 결단을 내렸다. 아이의 바깥 활동을 일체 금지시키고, 성적 올리기 작전에 돌입한 것이다. 수학, 영어 과외가 시작되었고, 매일 독서와 독후감 쓰기, 문제집 풀기 등의 과제가 주어졌다.

　이 책을 읽는 독자들의 십중팔구는 아마 영훈이 엄마의 판단이 옳다고 생각할 것이다. 아이를 키우다 보면 아이가 원하는 것과 부모가 원하는 것이 충돌하는 경우가 있다. 특히 초등학교 고학년쯤 되면 이런 현상이 두드러지게 나타난다. 아이는 어릴 때처럼 마음껏 하고 싶은 걸 하면서 놀고 싶지만 부모 입장에서는 무조건 허용할 수가 없다. 그렇게 실컷 놀다가는 학교 공부를 따라갈 수 없기 때문이다. 그래서 부모들은 아이에게 이렇게 말한다.

　"그런 건 이다음에 어른 되면 얼마든지 할 수 있으니 지금은 딴 데 신경 쓰지 말고 공부만 해."

　장래의 성공을 위해서는 지금 이 순간의 욕구나 즐거움을 보류해야 한다는 것이다. 이 땅의 많은 부모들이 진리처럼 믿고 있는 이런 생각이 과연 옳은 걸까? 정말로 아이가 좋아하고 잘하는 것에 집중하면 공부를 못하게 될까? 공부를 잘하기 위해서는 아이가 좋아하고 잘하는 것을 제한해야 하는 것일까? 다시 영훈이의 이야기로 돌아가보자.

영훈이는 부모님 말씀을 잘 듣는 착실한 아이였다. 그래서 학교 성적이 중요하다는 부모님의 말씀에 공감을 했고, 부모님이 만들어준 시간표에 따라 열심히 공부를 했다. 그러나 며칠 지나자 집중력이 떨어지기 시작했다. 열심히 공부를 하고 싶기는 한데 진득이 앉아 있기가 힘들었다. 날마다 뛰어 놀다가 갑자기 앉아 있어서 그런지 몸이 찌뿌드드해서 자꾸 움직이게 되고, 밖에서 아이들이 뛰어노는 소리에 자꾸만 정신을 빼앗겼다.

부모님의 뜻을 거역할 수는 없어서 밖에 나가 놀겠다는 말을 하지는 않았지만 영훈이의 마음속에는 불만이 쌓여 갔다. 그러던 어느 날, 등교 길에 동네 놀이터를 지나던 영훈이는 가방을 내던지고 놀기 시작했다. 비록 혼자였지만 얼마나 즐거웠던지, 시간 가는 줄도 모르고 학교가 끝날 때까지 정신없이 놀았다. 그 후 영훈이는 종종 학교를 빠지고 놀이터나 공원에서 놀다가 학교 끝나는 시간에 맞춰 집으로 돌아가곤 했다.

담임선생님의 전화를 받던 날, 영훈 엄마는 당연히 하늘이 무너지는 듯한 충격에 휩싸이고 말았다.

운동을 좋아하는 아이는 운동을 통해 공부하는 재미와 동기를 찾아줘야...

도대체 무엇이 잘못된 것일까? 영훈이가 유별난 것일까, 영훈 엄마가 지나친 것일까?

우리 주위에는 영훈 엄마 같은 부모들이 많다. 아이가 하고 싶은 것보다는 공부를 더 먼저 해야 된다고 생각하는 사람, 학교 공부와 직접 관련되지 않은 능력은 가치가 떨어진다고 생각하는 사람, 성격이나 예체능 같은 능력은 공부에 별 도움이 안 된다고 생각하는 사람이 그들이다. 이렇게 말하면 기분 나쁘겠지만 그들은 모두 자식 농사를 망치는 부모들이다.

자식 농사를 망치는 부모들은 영훈 엄마처럼 자식 공부 시키는 데 온 힘을 다하지만 원하는 결과를 얻지 못한다. 엄마가 노력할수록 아이는 점점 더 공부를 더 싫어하게 되는 것이다. 왜 그럴까?

그 해답은 골프 천재 타이거 우즈의 아버지에게서 찾아볼 수 있다.

우즈의 아버지는 일찌감치 아들이 골프에 뛰어난 재능을 갖고 있다는 것을 알고 골프를 가르치기 시작했다. 그러나 아들을 골프만 잘 치는 운동선수로 키우고 싶지는 않았다. 공부와 운동을 둘 다 잘하는 사람이 되길 바랐던 아버지는 공부를 시키기 위해 아들의 욕구를 이용했다. 즉 자나 깨나 골프를 하고 싶어 하는 아들에게 "학교 숙제와 내가 정해준 과제를 마치지 않으면 골프채를 잡을 수 없다"고 한 것이다. 아버지의 의도는 적중

했다. 우즈는 골프를 치기 위해 악착같이 공부에 매달렸고, 그 결과 아이비리그 중의 하나인 명문 스탠포드대학을 졸업하게 되었다.

타이거 우즈가 세계적인 골퍼로 성장하기까지는 물론 타고난 재능이 가장 큰 역할을 했을 것이다. 그러나 자신의 재능을 알아보지 못하는 부모, 영훈 엄마 같은 부모를 만났다면 어떻게 됐을까? 공부에 도움 안 되는 골프 따위 그만 하고 공부 좀 하라는 닦달에 반항심만 생겨 골프도 공부도 못하는 문제아가 되었을지도 모른다.

우즈의 경우만 봐도 부모의 역할은 매우 중요하다. 어떤 부모를 만나느냐에 따라 아이의 인생은 찬란한 꽃으로 피어날 수도, 봉오리도 맺어보지 못하고 시들어 버릴 수 있기 때문이다.

자식 농사에 성공하는 부모가 되자!

다 같이 자녀를 사랑하는데 왜 누구는 자식 농사에 성공하는 부모가 되고 누구는 실패하는 부모가 될까? 그 열쇠는 아이가 갖고 있는 씨앗을 발견하고 키우는 능력에 있다.

아이 안에 감추어진 씨앗이 코스모스 씨앗인지 장미 씨앗인지 정확히 알아보고 그에 맞게 물을 주고 햇볕을 쐬어주면 씨앗은 예쁜 꽃을 피워 부모에게 기쁨을 선사할 것이다. 반면, 아이 안에 있는 씨앗을 무시한 채 부모가 원하는 대로 물주고 거름을 준다면 씨앗은 싹을 틔우기도 전에 썩어 버릴 것이다.

아이 안에 있는 씨앗을 우리는 '강점지능'이라 부른다. 앞에 나온 영훈이나 우즈의 강점지능은 똑같이 신체운동지능이었다. 영훈 엄마는 아이의 신체운동지능을 무시한 결과 반항심을 낳았고, 우즈 아버지는 아들의 신체운동지능을 이용해서 공부를 하도록 만들었다. 이것만 봐도 '강점지능'을 살리느냐 죽이느냐에 따라 자식 농사가 좌우된다는 것을 알 수 있다.

흔히 부모들은 '강점지능'은 진로 결정에만 도움이 되고 공부와는 그다지 관련이 없는 것으로 여긴다. 그러나 '강점지능'은 학습동기를 높일 수 있는 가장 강력한 무기이고, 아이가 신나게 스스로 공부하게 만드는 학습법의 비밀을 담고 있다. '강점지능'은 호기심과 집중력을 낳고, 목표를 만들어 내기 때문에 '강점지능'을 살리면 누구든지 공부를 즐기게 되고 잘할 수 있게 되는 것이다.

자! 이제 당신이 결정할 차례다. 우즈의 아버지처럼 자녀의 '강점지능'을 살려 자식 농사에 성공하는 부모가 될 것인가, 영훈 엄마처럼 '강점지능' 몰라서 자식 농사 망치는 부모가 될 것인가?

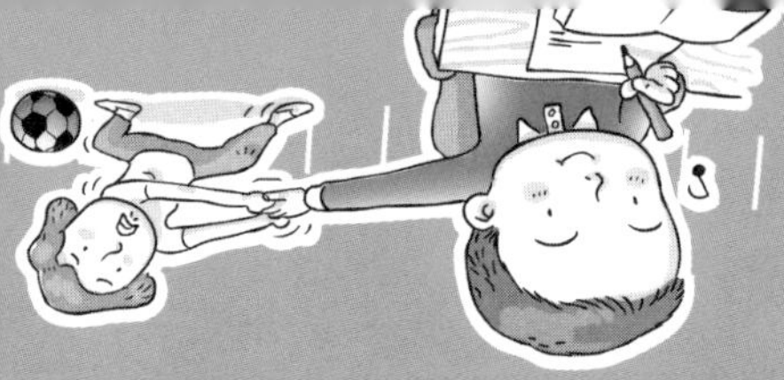

강 점 지 능 살 리 면
뜯 어 말 려 도 공 부 한 다

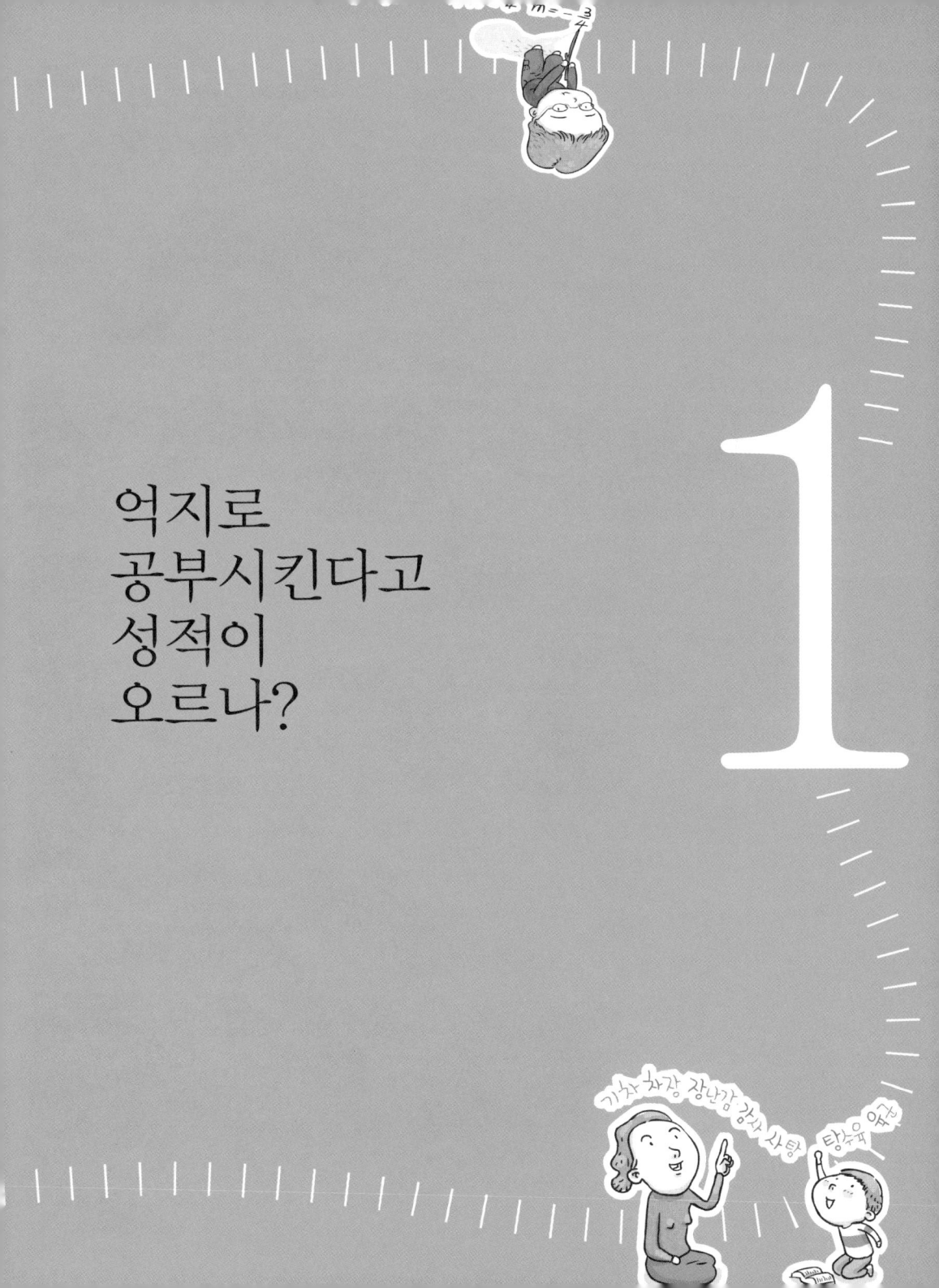

억지로
공부시킨다고
성적이
오르나?

1

공부하기 싫어하는 아이,
자식이 아니라 웬수다!

우리 아이는 공부 체질이 아닌 걸까?

초등학교 6학년생 혁이 엄마는 요즘 하루에도 몇 번씩 치밀어 오르는 울화를 참느라 병이 날 지경이다. 기말고사가 코앞으로 닥쳤는데 공부할 생각은 하지 않고 빈둥거리는 아이 때문이다.

"내년에 중학교 가는데 저렇게 공부하기 싫어하니 미치겠어요. 저학년 때 그래도 시키는 대로 해서 그럭저럭 넘어갔는데 고학년이 되니 이젠 그 것도 안 되네요. 학원도 보내보고 과외도 시켜봤는데 소용이 없어요. 수학 도 어렵고, 사회도 어렵고, 다 싫대요. 당연히 성적도 바닥이고요. 그렇다 고 다 큰 녀석을 때릴 수도 없고, 그냥 두자니 속이 터지고…. 도대체 어쩌 면 좋을까요?"

아이가 저학년 때까지만 해도 엄마들은 느긋하다. '초등학교 때까지는 실컷 놀아도 된다'며 여유를 부리는 엄마가 있는가 하면, '공부가 인생의 전부는 아니다'라고 생각하는 엄마도 흔히 볼 수 있다. 학교 공부보다는 피아노니 태권도니 재능을 키워주는 쪽에 더 관심을 쏟기도 한다. 아무래도 저학년 때까지는 아이가 그런대로 학교 공부를 잘 따라가고, 엄마도 학교 성적에 대한 부담이 적기 때문일 것이다.

그러나 고학년이 되면 양상은 돌변한다. 아이 입에서 공부가 재미없고 어렵다는 말이 나오기 시작하고 학교 성적까지 갑자기 떨어지는 경우가 생겨나기 때문이다. 자연히 엄마 머릿속도 복잡해진다.

'내 자식만큼은 닦달하지 않아도 공부 잘할 줄 알았는데 어떻게 된 일이지? 이대로 영영 뒤처지는 거 아냐?'

슬슬 겁이 나기 시작해서 먼저 아이를 낳아 키우는 친구에게 조언을 구하는데, 이런 경우 십중팔구 협박에 가까운 조언을 듣게 된다.

"너 이제부터 정신 바짝 차려야 돼. 지금까지처럼 느긋하면 큰일 난다. 4학년부터 공부 안 시키면 중학교 올라가서 땅을 치고 후회할 거야."

가뜩이나 불안한 마당에 이런 얘기까지 들으면 제아무리 강심장이라도 초조해지지 않을 수 없다.

결국 예체능 학원은 그만두게 하고, 학습지며 학원이며 알아보기 시작한다. 그리고 아이를 닦달하기 시작한다.

"이제 텔레비전 볼 시간 없어. 학교 갔다 오면 학원 가고, 학원 갔다 와서는 예습, 복습 철저히 해."

물론 어두컴컴해져서야 어깨가 축 처져 돌아오는 아이의 모습을 보면 안쓰럽기는 하다. '내가 저만할 땐 학원이다 뭐다 그런 것 없이 동네방네 온통 헤집고 다니며 실컷 놀았는데, 참 안됐다' 싶기도 하고, '공부 체질이 아닌데 괜히 몰아붙이는 게 아닐까?' 하는 생각도 든다.

하지만 그런 마음도 잠시, '남들보다 더 시키는 것도 아니고, 최소한 남들만큼은 시켜야 하는 거 아냐?' 라며 스스로를 다잡게 된다.

날 때부터 공부를 싫어하는 아이는 없다

엄마들이 이렇게 독을 품는 이유는 단 한 가지, 아이가 잘되기를 바라기 때문이다. 날이 갈수록 치열해지는 생존경쟁에서 낙오되지 않고 번듯한 직업이라도 가지려면 어쨌거나 좋은 대학을 나와야 한다는 종교보다 확고한 믿음이 이 땅을 세계 최고의 교육열이 들끓는 곳으로 만든 것이다.

문제는 교육열이 높아지는 것에 비례하여 아이들의 고통과 불만이 늘어간다는 것이다. 아이들의 이야기를 들어보자.

"우리 엄마는 내가 노는 걸 못 봐요. 잠깐이라도 쉬고 있으면 공부하라고 잔소리해요. 그래서 공부가 더 하기 싫어요."

"도대체 누가 공부라는 걸 만들었는지 모르겠어요. 타임머신이 생긴다면 공부를 처음 만든 사람을 찾아가서 못 만들게 할 거예요.”

“왜 재미도 없는 공부를 해야 하나요? 게임처럼 재미있는 것만 하고 살면 좋을 텐데….”

“엄마는 공부를 잘해야 이 다음에 잘 살 수 있대요. 그런데 꼭 공부를 잘해야 잘 살 수 있나요? 그건 아니잖아요. 에디슨도, 아인슈타인도, 빌 게이츠도 학교 성적은 엉망이었지만 훌륭한 사람이 됐잖아요.”

온갖 수단과 방법을 다 동원해서라도 공부를 시키려는 엄마와 달리 아이들은 공부가 싫단다. 재미없어서 싫고, 강요하니 싫고, 굳이 해야 할 이유가 없어서 하기 싫단다.

엄마로서는 속이 터질 노릇이다. 일부 공부 마니아들을 제외한 아이들 대부분은 공부하라는 소리만 하면 도살장에 끌려 들어가는 소 얼굴이 된다. 그래도 초등학교 때까지는 엄마가 옆에 붙어 앉아 봐주기라도 할 수 있지만 좀 더 크면 그것도 힘들기 때문에 걱정이 태산이다.

공부 재미, 얼마든지 되찾을 수 있다

공부하기 싫어하는 아이 때문에 속 터지는 부모 입장에서는 아이들이 공부를 좋아하고 스스로 하는 것이 평생 소원이다. 공부를 좋아하게 만들고, 스스로 공부하도록 만들 수만 있다면 무슨 일이라도 할 수 있을 것 같다.

그런데 그런 부모들에게 막상 자신은 학생 때 공부가 재미있었느냐고 물어보면 십중팔구는 고개를 저을 것이다. 지금 자신의 아이가 그렇듯 부모 또한 어릴 적에 공부하기 싫어서 도망 다니고, 시험 성적 때문에 야단맞으면서 자랐을 테니까.

그렇다면 공부는 정말 싫어할 수밖에 없는 것일까? 아이들 말처럼 공부는 어렵고 재미없는 것일까? 공부가 쉽고 재미있는 것이 될 수는 없을까? 공부가 쉽고 재미있어진다면 얼마나 좋을까? 아이들은 게임처럼 공부를 즐기고, 엄마는 더 이상 공부하라는 잔소리를 하지 않아도 될 테니 말이다. 이것은 얼마든지 가능한 일이다. 원래 공부란 쉽고 즐거운 것이기 때문이다. 공부라는 게 뭔가? 새로운 것을 익히는 것이 아닌가? 그렇게 볼 때 공부는 태어나는 순간부터 시작된다. 갓난아기가 움직이는 모빌을 따라 눈동자를 움직이는 것도 공부요, 장난감을 입에 넣는 것도 공부요, 몸을 뒤집으려고 끙끙대는 것도 공부다. 앞의 두 행동은 호기심을 충족하기 위한 탐구 활동이고, 마지막은 생존을 위한 발달 행동이다.

이처럼 아기들은 자라면서 무수히 공부를 한다. 호기심을 충족하기 위해 몸을 움직이고 감각을 활용하면서 새로운 정보를 익히고 머릿속에 저장하는 것이다. 그런데 이런 공부는 재미없는 것과는 거리가 멀다. 재미가 없다면 누가 시키지도 않는데 하루 종일 기어 다니고 걸어 다니고 만지고 살피겠는가? 만일 아기들의 이런 호기심이 성장하면서 계속 이어진다면 어떨까? 아마도 아기 시절에 그랬듯이 시키지 않아도 스스로 공부하는 아이가 될 것이다.

그러나 유감스럽게도 아이들 대부분은 성장하면서 어릴 적의 강렬한 호기심과 탐구심을 잃어버린다. 위험하다는 이유로, 귀찮다는 이유로 부모가 아이의 호기심 어린 탐구 활동을 금지하고 통제한 탓이다. 다시 말해 부모가 아이의 타고난 학구열을 억눌러놓고 뒤늦게 공부를 안 한다고 한탄하는 셈이다.

그렇다면 이제 어떻게 해야 할까? 아이를 다시 갓난아기로 되돌릴 수 없으니 포기해야 하나? 아니다. 포기하기에는 아직 이르다. 시행착오를 범하기는 했지만 상황이 완전히 종료된 건 아니기 때문이다. 아이는 아직도 성장하는 과정에 있으니 부모만 정신을 똑바로 차린다면 얼마든지 가능성이 있다. 왜 부모가 나서야 하느냐고? 자업자득! 결자해지! 멀쩡한 아이를 부모가 망쳐놓았으니 부모가 나설 수밖에….

그렇다면 어디서부터 시작해야 할까? 스스로 공부하는 공부 마니아들에게서 그 해답을 찾아보자.

스스로 공부하는 아이들은
대체 뭐가 다른 걸까?

스스로 공부하게 만들어준 다섯 가지 비결

바이러스로부터 컴퓨터를 지키는 데 앞장서온 컴퓨터 박사 안철수, 우리나라 최초의 휴먼 로봇 '센토'를 만든 로봇 박사 김문상, 2006년 첫 골든벨의 주인공 박나영…. 자타가 인정하는 공부 마니아인 이들은 하나같이 말한다. "공부가 너무 재미있어요."

그런가 하면 『공부가 가장 쉬웠어요』라는 책까지 써내며 성적이 나빠 고민하는 학생들의 마음에 비수를 꽂은 공부 고수 장승수도 있다.

외운 거 또 외워야 하고, 이해 안 가는 개념과 원리를 끌어안고 씨름하다 보면 머리가 터질 것 같은, 생각만 해도 골이 지끈거리는 공부가 재미있다고 하는 사람들은 도대체 어떤 이들일까? 모두가 고개를 내젓는 공부를 재미있다고 하는 공부 마니아들의 비밀을 살짝 엿보자.

호기심으로 공부의 첫발을 디뎠다
새에 대한 호기심과 사랑을 키워 새 박사가 된 윤무부

전혀 어울릴 것 같지 않은 텔레비전 오락 프로에 나와 특유의 순박한 살인미소로 새를 향한 열정과 사랑을 전하는 새 박사 윤무부.

윤무부 박사는 자연 경관이 아름답기로 유명한 경상남도 거제도 장승포에서 태어났다. 어린 시절, 주변 환경이 산과 바다로 둘러싸여 있었던 덕에 그는 마음껏 뛰놀며 자연에 대한 사랑과 호기심을 키울 수 있었다.

그 시절 시골 아이들이 모두 그랬듯이 무부도 집안일을 돕기 위해 소에게 풀을 먹이는 일을 맡았다. 그런데 이른 새벽 산에 오를 때마다 어린 무부의 귀를 사로잡는 소리가 있었다. 바로 새소리였다. 새소리에 이끌린 무부는 홀린 듯 정신없이 새를 쫓아다니게 되었다. 이런 무부의 마음을 눈치 챘는지 새들은 그의 주변을 빙빙 돌다가 푸드덕 날아 어깨에 올라앉고는 했다. 그러다 보니 어린 무부와 새들 사이에 우정이 싹텄고, 급기야 산새를 데려다 직접 키우기도 했다.

새에 대한 호기심과 사랑은 탐구심으로 이어졌다. 생물학과에 진학한 무부는 새를 관찰하기 위

해 전국 각지를 돌아다녔고, 새에 관한 책이란 책은 모조리 찾아 읽었다. 그 결과 우리나라를 대표하는 새 박사가 되었고, 윤무부 박사의 정성과 열정은 우리나라 새에 대한 방대한 분량의 자료와 저술로 남게 되었다.

아이들을 잘 관찰해보면 아이마다 특별히 호기심과 흥미를 보이는 것이 있다. 어떤 아이는 자동차에 관심이 많아 다른 말은 서투르면서도 어려운 발음의 자동차 종류와 브랜드를 줄줄 외우는가 하면, 공룡이나 곤충에 빠져 어디를 가든 그에 관한 것만 보는 아이도 있다. 음악이 들리면 반사적으로 몸을 흔들며 리듬을 타는 아이가 있고, 아빠가 치는 골프채를 한번 잡아보고는 절대로 놓지 않으려는 아이도 있다.

이처럼 아이가 어떤 대상에 흥미나 호기심을 느끼게 되면 그것에 몰입하게 된다. 질문이 많아지고 스스로 책을 찾아 읽는다. 새에 대한 호기심 때문에 새를 잡아다 키우고, 새에 대한 궁금증이 너무 많아 새 박사가 된 윤무부 박사처럼 말이다.

흥미를 느끼는 것에는 더 관심을 갖고 집중하게 되는 것이 사람 심리다. 그런데 이렇게 흥미를 느끼는 것에 집중하게 되면 학습 효과가 매우 높아진다.

미국의 교육심리학자 콜린스(Collins)와 슈엘(Shuell)은 이와 관련한 실험을 한 적이 있다. 그들은 실험 대상을 다음의 네 그룹으로 분류했다. 독서 능력도 뛰어나고 야구에 관심도 많은 학생들(A), 독서 능력은 뛰어나지만 야구에 관심이 없는 학생들(B), 독서 능력은 낮지만 야구에 관심이 많은 학생들(C), 독서 능력도 낮고 야구에 관심도 없는 학생들(D). 그리고 각 그룹의 학생들에게 야구 경기에 관한 글을 읽게 한 다음 어느 그룹이 글의 내용을 잘 기억하는지 비교해보았다. 과연 어느 그룹이 글의 내용을 가장 잘 기억했을까? 여러분이 예상하는 대로 당연히 A그룹 학생들이었다. 그렇다면 그다음은? 놀랍게도 C그룹 학생들이었다. 게다가 C그룹의 결과는 A그룹의 결과와 거의 차이가 없었다.

독서 능력이 높은 것보다 흥미 있는 것이 글을 이해하는 것과 더 큰 관련이 있다는 것을 나타내는 이 실험은 학습 능력이 높은 것보다 흥미가 있을 때 학습 효과가 더 크다는 것을 증명하고 있다.(Greeno, Collins & Resnick; 1996)

흥미와 호기심을 살리는 것은 학습뿐 아니라 모든 시도를 성공에 이르게 하는 가장 기본적인 동기가 된다. 그 어떤 사례에서도 흥미와 호기심 없이 성공했다는 경우를 본 적이 없다. 그런 의미에서 윤무부 박사의 사례는 호기심과 흥미가 학습의 성공에 얼마나 중요한 동기가 될 수 있는지를 잘 보여준다.

그의 성공은 주변의 도움을 받기는커녕 어려운 환경을 극복해가면서 오로지 호기심과 열정만으로 이뤄낸 것이어서 더욱 값지게 느껴진다. 만일 그의 부모가 새 따위 그만 쫓아다니고 공부나 하라고 다그쳤다면 어찌 되었을까? 우리나라를 대표하는 새 박사는 탄생하지 못했을 것이다.

마찬가지로 공룡이 좋아 공룡 그림이나 공룡 책에만 집착하는 아이에게 책을 편식하는 것은 좋지 않다며 명작이나 창작동화를 읽을 것을 강요한다면 어떻게 될까? 아이는 내적으로 자연스럽게 생겨나는 호기심과 탐색 욕구가 억눌리게 되어 그저 부모의 지시에 순응하는 수동적인 아이가 될 수 있다. 즉 호기심과 탐색 욕구가 사라지면 사물에 대해 알고자 하는 동기도 사라져 결국 집중력을 잃고 의욕 없이 이것저것 기웃거리는 아이가 되는 것이다.

성공의 단맛을 보았다
음악과 운동으로 자신감 얻어 최연소 토익 만점의 쾌거를 올린 박성준

토익에서 만점을 받으려면 얼마나 공부를 해야 할까? 그것도 해외 연수나 유학 한 번 갔다 오지 않은 순수 국내파라면? 모르긴 해도 왕도가 따로 없는 외국어 학습에서 그와 같은 수준에 도달하려면 상상을 초월하는 노력을 기울여야 할 것이다. 그런데 유학도 다녀오지 않은, 그것도 15세밖에 안 된 중학생이 최연소 토익 만점이라는 기록을 세웠다. 이 기특하고 대견한 소년이 바로 박성준 군이다.

성준이는 초등학교 5학년 때까지는 학습에 의욕이 전혀 없었다고 한다. 그런데 어떻게 그 어렵다는 토익 만점의 쾌거를 이룰 수 있었던 걸까? 그것은 바로 엄마라는 이름의, 세상에서 가장 훌륭한 교육자의 노력이 있었기에 가능했다. 엄마 이현숙 씨는 성준이가 초등학교 5학년이 될 때까지 직장에 다니느라 학업을 돌봐줄 여력이 없었다. 그 때문인지 성준이의 상태는 심각했다. 학교 성적이 엉망인 것은 물론 방치된 상태에서 TV 보고 컴퓨터 게임을 하며 노는 데만 익숙해져 있다 보니 집중해서 책을 보거나 공부하는 것 자체가 불가능했다.

뒤늦게 아들의 상태를 알게 된 엄마는 눈앞이 캄캄했지만 서두르지 않았다. 학습 의욕이 저하된 아들에게 가장 먼저 필요한 것은 자신감이라 생각하고 아들이 좋아하는 운동을 시켰다. 아니나 다를까, 성준이는 곧장 운동의 재미에 빠져들었다.

그와 더불어 바이올린 레슨을 시작하도록 했다. 여느 아이들과 달리 클래식을 즐겨 듣는 아들에게서 음악적 소질을 보았기 때문이다. 예상대로 성준이는 바이올린에 재능을 보였고, 차츰 자신감을 갖게 되었다.

아들이 운동과 음악을 하면서 자신감을 갖게 되자 엄마는 영어 공부에 도전해볼 것을 권유했다. 영어 공부는 쉽지 않았지만 운동을 하면서 몸에 익힌 지구력과 바이올린을 연주하면서 익힌 집중력 덕분에 실력은 꾸준히 쌓여갔다. 영어에 자신감을 갖게 된 성준이는 토익 만점이라는 목표를 세웠고, 끈기 있게 노력한 끝에 마침내 그 목표를 달성했다.

공부를 하다 보면 자주 어려운 고비에 맞닥뜨리게 된다. 이 고비를 잘 넘기려면 무엇보다 자신과의 싸움에서 이길 수 있어야 한다. 자신과의 싸움에서 이길 수 있는 힘은 어디서 나올까? 바로 자신감이다.

자신감의 위력은 우리의 상상을 초월한다. 자신감이 얼마나 큰 힘을 발휘하는지는 미국의 심리학자 셀리그먼(Seligman, 1967)의 실험에서도 드러난다.

셀리그먼은 방에 칸막이를 설치하고 한쪽 바닥에 전기선을 설치했다. 그런 다음 개를 방에 집어넣고 전류를 흐르게 했다. 개는 당연히 전기가 흐르지 않는 곳으로 피했고, 이를 반복하자 그때마다 옆방으로 몸을 피했다.

개가 이 실험에 완전히 익숙해졌을 때 셀리그먼은 전기가 흐르는 방에 개를 묶어놓고 전류를 흘려 보냈다. 처음에 개는 도망치려고 몸부림을 쳤지만 곧 풀려날 수 없음을 깨닫고 고통에 몸을 맡겼다.

실험은 여기서 끝나지 않았다. 셀리그먼은 전류를 흘려 보낸 후 바로 개를 풀어주었다. 그러나 무력감에 익숙해진 개는 충분히 달아날 수 있음에도 달아나지 않았다.

셀리그먼의 실험은 반복되는 실패의 경험이 얼마나 자신감을 잃게 하는지를 보여준다. 자신감을 잃으면 이 실험의 개처럼 충분한 능력이 있어도 발휘할 수 없게 된다. 많은 아이들이 공부를 어려워하는 것도 성공보다는 실패의 경험이 많기 때문이다.

이런 아이들은 무엇보다 먼저 자신감을 찾아야 한다. 그러기 위해서는 아주 사소한 것일지라도 성공을 경험하는 것이 중요하다. 성준이처럼 가장 좋아하고 잘하는 것부터 시작하여 성공의 단맛을 보면 자신감이 생겨 좀 더 어려운 것에 도전할 수 있게 된다. 또 성공을 하고 나서 자신감을 얻으려면 성공을 느끼는 것이 중요하다. 따라서 부모는 자녀에 대한 기대치를 낮추고 사소한 성과라도 칭찬하고 격려해주는 것이 필요하다.

내 사전에 포기란 없다
까매지고 너덜너덜해지도록 책과 씨름하는 골든벨 주인공 박나영

광주 정광고등학교에 재학 중 KBS '도전 골든벨'에서 2006년 첫 골든벨의 주인공이 된 박나영 양. 나영이는 찬스 한 번 쓰지 않고 50관문을 통과함으로써 세상을 놀라게 했다.

고등학교 3년 내내 좋은 성적을 유지하고, 수능에서 482점(500점 만점)을 맞아 전남대학교 의대에 합격한 나영이는 누가 시키지 않아도 스스로 모든 학습을 알아서 하는 공부 고수다. 더욱 놀라운 것은 그렇게 공부를 열심히 하는 이유가 오로지 '공부가 너무 재미있어서'라는 것이다.

공부가 어떻게 그렇게 재미있느냐는 질문에 나영이는 쑥스럽다는 듯 이렇게 대답한다. "어려운 수학 문제를 풀었을 때나 영어 지문을 읽고 또 읽고, 한 열 번 정도 읽고 나서 무슨 뜻인지 알게 되면 느껴지는 쾌감 같은 거 있잖아요. 책을 하도 봐서 까매지고 너덜너덜해졌을 때도 뿌듯하고요."

어려운 수학 문제를 끝까지 풀어내기 위해 끙끙대고, 이해가 안 되는 영어 지문을 읽고 또 읽고 그것도 열 번씩 읽는다? 누가 시켜서도 아니고 스스로 그 힘든 과정을 즐기는 것으로 보아 나영이는 호기심과 집중력은 물론 끈기와 인내심, 지구력이 대단한 것으로 보인다.

공부를 잘하려면 끈기와 도전정신은 필수다. 공부라는 것이 원래 알지 못하는 지식 세계를 탐구하는 것이기 때문에 쉽고 편안한 것만 추구해서는 소기의 목적을 달성할 수 없다. 그래서일까? 박나영 양을 비롯한 공부 마니아들은 한번 공부를 시작하면 기어이 끝을 보고 마는 끈기와 어려운 문제 앞에서 더욱 승부욕을 불태우는 근성을 공통적으로 갖고 있다.

반면 공부를 싫어하는 아이들은 이런 끈기와 도전정신이 부족하다. 공부하기 싫어하는 부모들의 넋두리를 들어보자.

"우리 애는 끈기가 없어요. 공부하라고 방으로 들여보내면 물 먹는다고 나오고, 화장실 간다고 나오고 도대체 10분을 못 넘긴다니까요."

"우리 애는 너무 쉽게 포기해요. 조금만 어려운 문제가 나와도 그냥 모른다고 해요. 문제를 풀어볼 생각도 안 하고요."

이런 엄마들의 입장에서는 박나영 양이 꽤나 별스럽게 느껴질 수밖에 없다. 한두 번 읽기도 지겨운 영어 지문을 열 번씩이나 읽는다니 그 끈기가 놀랍고, 어려운 수학 문제를 포기하지 않고 끝까지 매달린다니 그 도전정신이 또한 놀랍다. 도대체 박나영 양은 우리 아이들과 뭐가 다르기에 그처럼 대단한 인내심과 도전정신을 갖고 있는 걸까?

비밀은 사람의 본성에 있다. 사람은 누구나 어려운 것에 도전하려는 욕구를 갖고 태어난다. 단적인 예로 아기를 떠올려보자. 갓 태어나 누워만 있던 아기는 두세 달쯤 지나면 엎드리기 위해 몸을 뒤척인다. 그러나 근력이 발달하지 않은 아기에게 그것은 몹시 힘든 일이어서 얼굴이 빨개지도록 안간힘을 쓰게 된다. 더욱이 처음부터 성공하는 경우는 없기 때문에 아기는 시도했다가 실패하기를 거듭한다. 그 모습을 지켜보는 엄마의 심정은 안타깝기 짝이 없다. 그러나 아기는 절대로 포기하지 않는다. 무수한 실패를 거듭한 끝에 기어이 몸을 뒤집고 마는 것이다.

이처럼 인간은 실패에 좌절하지 않고 어려운 과제를 끝까지 해내려는 본성을 타고나는데, 이 본성은 특히 흥미 있는 과제를 접할수록 더 강하게 나타난다. 공부할 땐 조금만 어려워도 포기하는 아이가 좋아하는 게임을 할 땐 아무리 어려운 미션도 악착같이 해내는 것을 보면 알 수 있다.

스스로 공부하는 공부 마니아들이 끈기를 발휘하는 것도 마찬가지다. 그들은 공부가 즐겁기 때문에 끝까지 물고 늘어지는 것이고, 성공의 짜릿한 기쁨을 알기 때문에 어려울수록 도전하는 것이다.

따라서 우리 아이들도 끈기를 키우려면 무엇보다 먼저 공부가 즐거워져야 한다. 지금처럼 공부가 어렵고 지겨워서는 끈기를 바랄 수 없다.

생각만 해도 가슴 뛰는 목표가 있다
첫사랑의 환심을 사고 싶어 열심히 수학을 공부한 수학 박사 김용운

김용운 박사는 '수학을 재미있게 공부하는 법'을 계발하는 데 평생을 바친 수학자다. 그는 수학을 쉽고 재미있게 배울 수 있는 학습법을 다양하게 계발하여 책으로 펴내기도 했다. 그가 수학을 쉽고 재미있게 공부하는 법에 관심을 갖게 된 데는 몇 가지 계기가 있었다.

첫 번째 계기는 많은 독서량이었다. 김용운 박사는 초등학교 시절 한 시간 반이나 기차를 타고 통학했는데 통학길에 무수히 많은 책을 읽으면서 이해력과 집중력을 키웠다. 이는 수학책을 재미있게 쓰는 데 큰 도움이 되었다.

두 번째 계기는 민족적 자존심이었다. 일본에서 태어난 김용운 박사는 소년 시절 조선인이라고 놀리고 무시하는 일본인들 틈에서 자라며 울분을 키웠다. 일본인들을 이겨

하나코 과외하기

花子♥

야겠다고 마음먹었고 그 의지로 공부도 열심히 하게 되었다. 그러나 소년 용운이 수학 박사의 길로 들어서게 된 결정적인 계기는 따로 있었다. 바로 이웃집 소녀 하나코였다. 하나코는 용운이 남몰래 짝사랑하던 일본인 소녀였다. 그런데 담장 너머로 하나코를 훔쳐보며 가슴만 태우던 용운에게 어느 날 꿈만 같은 일이 벌어졌다. 평소 용운을 눈여겨보던 하나코의 엄마가 딸에게 수학을 가르쳐달라고 부탁해온 것이다.

그날부터 용운은 수학에 취미가 없는 하나코에게 수학을 쉽고 재미있게 가르칠 방법을 고민하기 시작했다. 그러다 보니 자신의 수학 실력도 덩달아 일취월장하게 되었고, 이때부터 쌓인 실력은 훗날 재미있는 수학 학습법을 계발하는 밑거름이 되었다.

스스로 공부하는 공부 마니아 중에는 김용운 박사처럼 뚜렷한 목표를 세우고 공부하는 이가 많다. 지긋지긋한 가난에서 벗어나려고 공부하는 사람도 있고, 상을 타려고 공부하는 사람도 있고, 칭찬받으려고 공부하는 사람도 있다. 특히 사춘기 때는 김용운 박사처럼 좋아하는 여학생이나 선생님에게 잘 보이려고 공부에 열중하는 경우도 있는데, 어쨌든 공부의 재미를 깨닫는 계기가 될 수 있다는 점에서 바람직하다고 볼 수 있다.

공부를 하는 데 목표를 세우는 것은 매우 중요하다. 목표가 있으면 공부에 더 집중하게 되고 끈기도 생기기 때문이다. 하지만 부모가 일방적으로 목표를 정해주는 경우는 효과를 기대하기 어렵다.

고등학교 2학년인 김 모 군은 중학교 때까지는 전교 상위권 안에 들 만큼 성적이 좋았다. 그런데 고등학교에 진학한 이후 왠지 자꾸 성적이 떨어졌다. 알고 보니 목표가 문제였다. 어릴 때부터 영화를 좋아했던 김 군은 영화감독이 되고 싶었는데 부모님이 의대 진학을 원하는 바람에 이과를 선택할 수밖에 없었고, 그로 인해 공부할 의욕을 잃은 것이다. 김군의 경우 부모님을 설득하여 진로를 수정하자 곧바로 성적이 올랐다.

목표는 어디까지나 아이의 흥미와 호기심, 욕구에서 비롯된 것이어야 한다. 그렇지 않으면 의욕이 솟아나기 힘들다.

또 처음부터 너무 대단한 목표를 정하는 것도 좋지 않다. 목표가 지나치게 높으면 목표를 실현하는 과정에서 지쳐버릴 수 있다. 그러므로 처음에는 조금만 노력하면 달성할 수 있는 작은 목표를 세우는 것이 좋다. 이렇게 해서 목표를 하나씩 이뤄나가면 아이는 성취감을 느끼고, 또 다른 목표에 도전하고 싶은 의욕을 갖게 될 것이다.

인생을 살찌울 계획표를 세웠다
일과표 작성과 함께 하루를 시작하는 과학 영재 추승우

국내 유일의 과학 영재 학교인 부산의 한국과학영재학교를 지난 2월 졸업하고 성균관대학교 반도체학과에 입학한 추승우(19세) 군. 그는 한국과학영재학교에서 '최고의 영재'라는 평가를 받았다.

그러나 그에게도 위기가 없었던 것은 아니다. 입학 초기 1~2% 안에 들던 성적이 한 때 30%까지 떨어졌던 것이다. 이는 시간 관리에 실패한 탓이었다. 한국과학영재학교에서는 여느 학교와 달리 자신이 듣고 싶은 과목을 골라 일주일에 15~20시간 정도만 수업을 받아 자유시간이 많았는데, 이를 제대로 활용하지 못하고 시간을 허비했던 것이다.

하지만 그는 곧 떨어진 성적을 만회했다. 그 비결은 바로 철저한 시간 관리였다. 우선 아침에 일어나자마자 포스트잇 한 장을 꺼내 '수업 시간', '오늘의 할 일', '약속' 등으로 구분해 일과표를 작성했다. 예를 들어 수업 시간 난에는 "오전 10시 화학, 오전 12시 물리학"이라고 적고, 오늘의 할 일 난에는 "리포트 제출, 영어 시험 대비" 등을, 약속 난에는 친구들과의 약속 등을 적는 식이었다.

"우리 아이는 다른 애들보다 공부를 많이 하는데 왜 성적이 안 오르는 지 모르겠어요."

엄마들에게 종종 듣는 하소연이다. 이런 아이들을 관찰해보면 대부분 무턱대고 공부를 한다. 계획을 세우지도 않고, 먼저 공부할 것과 나중에 공부할 것을 나누지도 않고, 그저 닥치는 대로 공부를 하니 성적이 오를 리 없다. 이런 경우 계획표를 짜서 시간을 관리하게 해주면 금방 성적이 오른다. 물 새듯 줄줄 새어나가던 시간을 관리하면 짧은 시간에도 더 큰 효과를 거둘 수 있기 때문이다.

추승우 군 같은 공부 마니아들이 스스로 계획을 세우고 시간을 관리하는 것은 바로 이런 이치를 알기 때문이다. 그런데 계획을 세우는 것까지는 누구나 할 수 있지만 꾸준히 실천하는 일은 쉽지 않다. 계획을 실행하다 보면 이런저런 장애물이 앞을 가로막기 때문인데, 그중에서도 가장 큰 장애물은 바로 자신의 마음이다. 더 자고 싶은 마음, 좀 더 놀고 싶은 마음이야말로 가장 강력하고 위험한 장애물인 것이다.

스스로 공부하는 마니아가 되기 위해서는 바로 이 장애물, 내부의 적을 물리쳐야 한다. 물론 쉬운 일은 아니지만 전혀 불가능한 일도 아니다. 중학교 1학년인 박 모 양은 늘 계획을 세워놓고 제대로 실천하지 못하는 편이었다. 그래서 시험 범위를 끝까지 훑어보지도 못하고 시험을 보는 일이 다반사였다. 박 양의 경우 집중하는 시간이 짧고 쉽게 싫증을 느끼는 것이 문제였다. 그래서 한 과목을 오래 공부하는 방법을 바꿔 한 과목당 공부 시간을 줄이고, 싫증날 때마다 과목을 바꾸는 식으로 계획을 세웠다. 그 결과 박양은 자신이 세운 계획을 잘 지키게 되었다.

공부 재미의 실마리 – 좋아하는 것, 잘하는 것에 있다

앞에서 스스로 공부하는 공부 마니아들의 다섯 가지 비결을 살펴보았다. 그렇다면 그 비결의 실마리는 무엇일까?

첫째, 흥미와 호기심을 살려 공부의 첫발을 내딛는다. 어른들 중에는 아이의 호기심을 쓸데없는 것으로 치부하여 억누르는 이가 많은데, 이는 공부의 첫발을 내딛으려는 아이를 넘어뜨리는 행동이나 다름없다. 호기심에 우열은 없다. 궁금한 마음, 알고자 하는 욕구는 그 내용이 어떤 것이든 중요하다. 호기심을 충족시키고자 하는 욕구는 자연스럽게 탐구 활동으로 이어지기 때문이다.

둘째, 성공을 통해 자신감을 얻으려면 성공 가능성이 높은 것에 집중해야 한다. 예를 들어 시험을 앞두고 있다면 가장 잘하는 과목만 집중적으로 공부해보자. 그러면 최소한 한 과목에서만큼은 성공의 기쁨을 맛볼 수 있고, 이를 통해 자신감을 얻게 되면 다른 과목에 도전할 의욕을 갖게 된다.

셋째, 끈기와 도전정신을 가지려면 흥미 있는 것, 잘하는 것에 집중하는 것이 좋다. 사람은 자기가 좋아하는 것, 하고 싶은 것은 쉽사리 포기하지 않기 때문이다. 예를 들어 농구를 좋아하는 아이는 덩크 슛을 연습할 때 놀라울 만큼 끈기를 보이기 마련이다. 꼭 공부가 아니더라도 이처럼 자기가 좋아하는 것에 끈기 있게 도전해서 성공해보는 경험은 공부에도 좋은 영향을 주게 된다.

넷째, 흥미 있는 것, 바라는 것으로 목표를 세운다. 노래 부르는 것을 좋아하는 아이는 가수가 되려고 노력할 때 가장 신이 나고, 축구를 좋아하는 아이는 월드컵 경기에 출전하는 것을 목표로 삼을 때 의욕이 넘치게 된다. 신이 나고 의욕이 생기면 매사에 활력이 생겨 학업에도 긍정적인 영향을 미치게 된다.

다섯째, 자기와의 싸움을 제대로 하려면 뚜렷한 동기가 있어야 한다. '호기심을 충족하기 위해서'가 동기가 될 수도 있고, '간절히 원하는 목표를 달성하기 위해서' 또는 '성공의 기쁨을 누리기 위해서'가 동기가 될 수도 있다. 동기가 분명하면 사람은 철저해지기 마련이다.

언뜻 보면 이 다섯 가지 비결은 제각각인 것처럼 보이지만 사실은 모두 연결되어 있다. 연결의 시작점은 흥미와 호기심이다. 흥미와 호기심을 마음껏 추구하면 자연히 다섯 가지가 모두 이루어지게 된다. 즉 호기심과 흥미를 추구하다 보면 자기도 모르게 몰입하게 되고, 몰입을 하게 되면 능력이 쌓이면서 성공 가능성이 높아진다. 성공을 하면 자신감이 커지고, 자신감은 도전의식으로 이어진다. 또 흥미를 추구하다 보면 진정으로 원하는 목표가 생기게 되고, 간절한 목표가 생기면 이를 이루기 위해서 자기 자신을 철저히 다스리게 된다.

따라서 스스로 공부하는 공부 마니아가 되려면 무엇보다 먼저 흥미와 호기심을 마음껏 살리는 것부터 시작해야 한다.

의욕
자신감
성공
집중
흥미

공부에 관한 진실 혹은 거짓 : IQ와 성적은 비례할까?

많은 사람들은 IQ와 학교 성적이 밀접히 관련되어 있다고 믿고 있다. 즉 IQ가 100이면 시험 성적이 70점 정도에 머무르는 것이 당연하고, IQ가 140이면 시험 성적이 100점이 되는 게 당연하다고 생각한다. 마치 IQ가 시험 성적을 예상하는 척도나 되는 양 생각하는데, 이는 오해다.

IQ는 공부를 얼마나 잘할 수 있는지 측정하려고 만든 것이 아니다. 오히려 그 반대다. 1883년 프랑스에서 의무교육제도를 실시하면서 정규 학교에 입학하기 어려운 정신지체아, 학습부진아를 가려내기 위해 기초 학습 능력을 평가하는 검사를 만들었는데, 그게 바로 IQ검사다. 따라서 IQ-검사는 기초 학습에 필요한 최소의 능력인 언어 이해력, 어휘력, 수리력, 암기력 등만을 포함하며, 그것이 오늘날까지 그대로 이어지고 있다. 다시 말해 IQ-검사는 기초 학습을 수행할 수 있는지 여부를 판단하는 검사일 뿐 학교 성적을 측정하는 검사가 아니라는 것이다.

오랜 세월 동안 IQ 지수가 학교 성적과 직결된다는 믿음이 계속되어왔지만 그 믿음이 착각이라는 것을 증명할 만한 증거들이 속속 나타났다. 미국의 교육학자 로젠탈과 제이콥슨이 1968년 실험한 결과에 따르면, 학생의 IQ보다 오히려 교사의 학생에 대한 기대 등 다른 변인이 학업성취에 더 영향을 미치는 것으로 나타났다. 이후로 IQ가 높아야 학업 성취가 높다는 통념에 의문을 제기하는 많은 연구 결과가 지속적으로 발표되고 있는 실정이다. 따라서 이제는 IQ만으로 전체 학습 능력을 평가하는 것의 한계를 인정하고 이를 보완하려는 노력들이 진행되고 있다.

그렇다면 공부를 잘할 수 있는 능력을 측정할 수 있는 방법은 무엇일까? 공부를 잘하려면 기초 학습 능력은 물론 지식을 탐구하고자 하는 욕구와 집중력, 지루함을 이겨내는 인내심, 시간을 효율적으로 활용하는 능력, 자신의 문제점을 반성하고 개선하는 능력이 필요하다. 그러므로 이 모두를 통틀어 검사할 때 비로소 제대로 학습 능력을 평가할 수 있을 것이다.

3

뜯어말려도 공부하게 만드는 힘, '강점지능'에 있다!

내 아이가 좋아하고 잘하는 것이 '강점지능'

앞에서 살펴보았듯이 공부를 잘하기 위해서는 흥미 있는 것, 잘하는 것부터 시작하는 것이 바람직하다. 그렇다면 내 아이가 좋아하는 것, 잘하는 것은 어떻게 알아낼 수 있을까? 그 해답은 다중지능이론에서 찾을 수 있다.

다중지능이론에 따르면 사람은 누구나 여덟 가지 지능을 갖고 태어난다고 한다. 어떤 사람은 '어, 이상하다? 나는 노래도 못하고 그림도 못 그리는데?' 라고 생각할지도 모르겠다. 그러나 그런 사람에게도 노래 부르고 그림 그리는 능력이 잠재되어 있다는 것이다.

이처럼 모든 사람이 여덟 가지 지능을 다 갖고 태어나는 것은 살아가는 데에서 어느 하나 소홀히 할 수 없을 만큼 중요하기 때문이다.

다중지능이론에서 말하는 여덟 가지 지능

지능	특징	유망 직업
언어지능	글이나 말을 통해 자신의 생각이나 느낌을 잘 표현하고, 말로 남을 웃기거나 설득하는 데 소질이 있으며, 말이나 글로 표현된 내용을 잘 기억하는 지적 능력이다.	시인, 소설가, 정치가, 변호사, 방송인, 기자
논리수학지능	숫자나 규칙, 명제 등의 상징체계를 잘 익히고 창조하며, 그와 관련된 문제를 손쉽게 해결해 내는 능력을 말한다. 이 지능이 높으면 수학이나 과학 현상 등 여러 대상에 대해 관심을 가지고 탐구하면서, 논리적으로 추론하여 규칙이나 법칙을 발견하거나 체계를 잘 마련할 수 있다.	수학자, 회계사. 통계학자, 법률가, 컴퓨터 프로그래머, 과학자
인간친화지능	다른 사람의 기분이나 동기, 바람을 잘 이해하고 그에 적절하게 반응할 수 있는 능력으로 대인관계를 잘 이끌어가는 능력을 말한다.	교사, 정치인, 심리치료사, 사업가, 영업사원, 정치가, 종교지도자
자기성찰지능	자기 자신을 이해하고 자신의 욕망, 두려움, 재능 등을 잘 다루어 효과적인 삶을 살아갈 수 있게 하는 능력이다. 이 지능은 자신의 감정과 능력을 잘 인식하고 활용하여 성공을 이룬 사람들에게서 높게 나타난다.	성직자, 정신분석학자, 작가, 예술가, 상담자
공간지능	도형, 그림, 지도, 입체설계 등의 공간적 상징체계에 소질과 적성이 있는 사람에게 높이 나타나는 능력이다. 물건을 보기 좋게 배치하거나 새로운 물건을 만들고, 낯선 곳에서 길을 찾는데 필요한 능력이다.	조종사, 디자이너, 건축가, 조각가, 바둑기사, 그래픽 아티스트, 가이드, 발명가

지능	특징	유망 직업
음악지능	가락, 리듬, 소리 등의 음악적 상징체계에 민감하고, 그러한 상징들을 창조할 수 있는 능력을 말한다. 노래를 부르거나 악기를 다루거나 새로운 곡을 창작하거나 감상하는 데 필요한 능력이다.	가수, 연주가, 작곡가, 음악비평가
신체운동지능	춤, 운동, 연기 등의 특정한 몸의 움직임을 쉽게 익히고 창조하는 능력이다. 이 지능이 뛰어나면 신체적 활동에 쉽게 몰입할 수 있으며, 무용이나 연극 등에서 신체로 자신의 내면세계를 표현하는데 뛰어난 재능을 보인다.	무용가, 배우, 운동선수, 공예가, 조각가, 외과의사
자연지능	식물이나 동물 또는 자신이 살아가고 있는 환경에 관심을 가지고, 그 인식과 분류에 탁월한 전문지식과 기술을 발휘하는 능력이다.	식물학자, 동물학자, 과학자, 조경사, 조련사, 수의사, 한의사, 지질학자

앞의 여덟 가지 지적 능력은 유전인자나 조기 경험의 영향으로 조금씩 더 발달하기도 하고 덜 발달하기도 하는데, 이 중 '더 발달한 지능'이 바로 강점지능이다.

가끔은 자녀가 남들이 가지 않는 다른 길을 가는 것도 괜찮을 거라는 생각을 하다가도 엄마들이 궁리 끝에 이구동성으로 털어놓는 말이 있다.

"우리 아이는 뛰어나게 잘하는 것도 없고 특별히 흥미를 느끼는 것도 없어요. 도대체 특별한 소질이나 적성 같은 것은 눈을 씻고 찾아봐도 없다니까요."

그러나 그런 아이한테도 반드시 강점지능이 있다. 자신이 갖고 있는 여덟 가지 지능 중 '더 발달한 지능'이 강점지능이므로 그것을 알아내기만 하면 되는 것이다.

아이마다 각기 다른 호기심과 흥미는 초등학교 고학년쯤 되면 하나의 문화적 유형을 띠게 되어 직업 적성이나 역할 적성 같은 형태로 나타나게 된다. 이러한 아이의 특성을 알아내고자 과거에는 적성검사를 많이 사용했지만, 최근에는 적성의 본질적인 측면인 '잠재 능력'을 측정할 수 있는 다중지능검사를 사용한다.

적성검사는 잘하는 능력, 즉 발달한 결과를 측정하지만 다중지능검사는 흥미, 민감성까지 측정하여 지금 잘하고 있는 것뿐 아니라 앞으로 충분히 계발될 가능성이 있는 영역까지 측정한다. 이 다중지능검사를 통해 더 발달한 지능인 강점지능을 찾아낼 수 있다.

앞에서 언급한 공부 마니아들의 특별한 무언가는 모두 이 강점지능과 밀접한 관련이 있다. 먼저 첫 번째 학습 동기인 '호기심과 열정, 관심과 흥미'가 바로 각자가 갖고 있는 강점지능의 발로이다. 그 외 인내심과 끈기, 스스로를 돌아보고 다스리는 능력, 뚜렷한 목표의식을 갖고 매진하는 것 등은 여러 가지 지능이 그때그때 복합적으로 영향을 미치겠지만, 가장 크게 작용하는 것은 인간친화지능이나 자기성찰지능 등과 밀접한 관련이 있는 것들이다. 한마디로 강점지능이 스스로 공부하는 공부 마니아를 만드는 비결인 것이다.

사람마다 좋아하고 잘하는 것이 다르다 – 다중지능

하버드대학교의 교육심리학자 하워드 가드너(Howard Gardner)는 기존의 지능검사들이 언어지능과 논리수학지능 같은 한두 가지 지능에만 초점을 맞추는 것에 대해 문제점을 제기하고 기존 지능검사들의 한계를 뛰어넘어 인간의 다양한 능력을 측정해야 한다는 다중지능(MI : Multiple Intelligence)이론을 창안했다(1984).

그는 인간에게는 언어지능과 논리수학지능 외에도 기존 지능검사들이 측정하지 못하는 지적 능력이 더 존재한다고 보고 공간지능, 음악지능, 신체운동지능, 인간친화지능, 자기성찰지능 등 다섯 가지 지능 요소를 제시했다.(자연지능은 이후 연구의 진전으로 추가되었다.)

가드너에 다르면, 수학을 못하는 아이는 논리수학지능만 부족한 것이지 지적 능력 전체가 부족한 것은 아니며, 아직 드러나지 않은 다른 지능, 즉 인간친화지능이나 음악지능이 높을 수 있다. 그리고 그 지능들은 얼마든지 학습 능력으로 연결될 수 있다.

가드너의 다중지능검사는 이처럼 드러나지 않은 지적 능력을 찾아내는 역할을 할 뿐 아니라 아직 계발되지 않은, 그러나 얼마든지 계발될 수 있는 지능을 찾아내는 역할도 가능하다. 즉 기존의 지능검사들이 지금 이 시점에서 어떤 문제를 풀어낼 수 있는 나만을 측정하는 것과 달리 다중지능검사는 선호나 민감성까지 측정함으로써 지적 선호도와 미래의 발전 가능성까지 측정할 수 있는 것이다.

강점지능 살려 공부 재미에 푹 빠진 아이들

운동과 음악에 소질을 보인 최연소 토익 만점자 박성준 군의 강점지능은 신체운동지능과 음악지능이며, 우리나라 최초로 잉글랜드 프로 축구팀에서 뛰고 있는 박지성 선수의 강점지능은 신체운동지능과 자기성찰지능이다. 또 숲에서 뛰어노는 것을 즐기고 새를 좋아한 윤무부 박사는 자연지능이 강점지능이었다. 결국 이들은 자신의 강점지능을 잘 살려 하고 싶은 것을 마음껏 하며 사회적 성공까지 이끌어냈던 것이다.

다음에 소개할 것은 강점지능이 한 사람의 교육과 성장에 얼마나 큰 역할을 하는지를 보여주는 대표적인 사례들이다. 이를 통해 왜 강점지능을 꼭 살려야 하는지 다시 한번 깨닫는 기회가 되기를 바란다.

논리수학지능과 자기성찰지능 살려 9세에 대학 입학한 송유근

6세 때 정보처리사 자격증 취득, 7세 때 입학 3개월 만에 초등학교 졸업, 역대 최단기간에 고입·대입 검정시험에 합격, 9세의 나이에 당당하게 대학 입학. 이 화려한 경력의 소유자는 과학 영재로 주목받는 송유근(10세) 군이다.

유근이는 유아 때부터 흥미로운 것을 보면 시간 가는 줄 모르고 몰두했다. 동물원에 데려가면 원숭이를 지켜보느라 3~4시간 동안 꼼짝하지 않았고, 책이나 놀이용 조립기구를 한번 손에 넣으면 14시간도 넘게 붙잡고 앉아 있었다. 또 유치원 때 처음 구구단을 접한 이후 수학에 빠져들어 일곱 달 만에 고등학교 과정인 미적분까지 이해했다.

여기서 유근이의 두 가지 강점지능을 엿볼 수 있다. 우선 수학, 과학, 컴퓨터에 놀라운 재능을 나타내는 것으로 보아 논리수학지능이 매우 높다는 것을 알 수 있고, 한 가지에 몰입하면 시간 가는 줄 모르고 집중하며 끈기 있게 매달리는 것으로 보아 자기성찰지능 역시 매우 높다는 것을 알 수 있다.

반면 유근이는 일상생활적인 면에서는 늦된 아이였다. 7~8세까지 옷도 입혀줘야 했고, 잠자리에서는 엄마 곁을 떠나려 하지 않았으며, 유치원에서는 아이들과 어울리지 못해 따돌림을 받았다. 또 수학, 과학과 달리 영어에는 흥미도 없고 서툴렀다.

여느 부모 같았으면 어땠을까? 아마도 유치원에서 따돌림받지 않게 하려고 아이를 다그쳤을 것이고, 수학만큼 영어도 잘하게 하려고 과외를 시켰을지도 모른다.

그러나 유근이 부모는 남달랐다. 그들은 아들이 조립에 열광하는 것을 보고 영어로 된 조립 매뉴얼을 쥐여주고 스스로 놀이기구를 조립하게 했다. 조립이라면 자다가도 벌떡 일어날 만큼 좋아하는 유근이는 특유의 집중력과 끈기를 발휘하여 결국 조립을 완성해냈고, 이를 계기로 영어에 자신감을 갖게 되었다. 현재 유근이의 영어 실력은 원서로 된 과학 서적을 읽는 수준이다.

또 유근이의 부모는 또래 아이들과 어울리지 못하는 아들을 초등학교에 입학시키는 대신 집에서 직접 가르쳤다. 유근이의 아버지 송수진 씨는 "만일 유근이가 초등학교에 가서 시간마다 수업이 바뀌는 방식에 적응하지 못하고 친구들과 다른 행동을 했다면 오히려 산만한 아이로 오해받았을 것"이라고 말한다.

유근이의 부모는 아들의 강점지능이 논리수학지능과 자기성찰지능이라는 점과 약점지능이 인간친화지능이라는 점을 정확히 파악한 것은 물론, 강점지능을 살려서 약점지능을 보완해주었다.

그 결과 유근이는 홈스쿨링으로 고등학교 과정을 마치고 현재 인하대학교에서 거의 일대일 수업 방식으로 수학과 물리학을 공부하고 있다.

음악지능과 자기성찰지능 살려 버클리음악대학 장학생 된
재즈 피아니스트 진보라

진보라(18세) 양은 지금까지 아이들이 인정받지 못하는 장르로 터부시되어온 재즈계에서 샛별로 떠오른 재즈 피아니스트다. 보라가 일찍부터 음악을 할 수 있었던 것은 딸의 재능을 알아본 부모 덕분이었다.

피아노를 배우기 시작한 지 1년 남짓 되었을 무렵, 겨우 6세였던 보라는 차 안에서 흘러나오는 비틀스의 곡을 1절만 듣고 나서 2절이 나올 때는 계이름으로 불렀다고 한다. 그것을 본 부모는 딸에게 본격적인 음악 공부를 시켰고, 보라의 음악적 재능은 하루가 다르게 발전해갔다.

두말할 나위 없이 보라의 강점지능은 음악지능이다. 그러나 오늘날 보라를 있게 한 것은 음악지능만이 아니었다. 보라는 '연습중독'이라 할 만큼 스스로 철저하게 노력하는 연습벌레다. 뿐만 아니라 연습 과정에서 부딪히는 힘든 고비를 음악과 관련해서 즐겁게 받아들이는 태도를 지니고 있다. 이는 보라의 자기성찰지능이 매우 높다는 것을 암시한다. 자신이 하고 싶은 것과 잘하는 것을 찾고, 그 일을 하기 위해서 자신이 감수해야 할 것을 알고 이행할 줄 아는 것이다. 이 같은 자기성찰지능을 통해 스스로 진로를 결정, 학교를 중퇴하고 독학으로 중 · 고등학교 졸업 자격을 취득한 후 대입 검정고시를 통과, 미국 버클리음악대학 재즈과에 장학생으로 입학했다.

보라의 강점지능은 음악지능과 자기성찰지능에 국한되지 않는다. 즉흥연주를 좋아하는 보라는 이미 만들어진 한 가지 길만을 인정하고 고집하지 않고 민요나 국악을 재즈에 섞는 등 장르를 뛰어넘는데, 이는 자신이 처하는 모든 상황과 자신이 만나는 모든 사람에게서 영감을 얻기 때문에 가능한 일이다. 즉 높은 인간친화지능을 활용하여 자신의 음악세계를 넓히고 있는 것이다.

언어지능, 인간친화지능 살려 8개 국어를 구사하는 임지현

4세 때 뉴질랜드로 이민 간 임지현 양은 한국어를 비롯해 영어, 일본어, 중국어, 프랑스어, 스페인어, 러시아어, 라틴어 등 8개 국어를 유창하게 말하는 '언어의 달인'이다.

뉴질랜드에 처음 이민 가서는 누구나 그렇듯이 지현이도 영어를 못하는 게 큰 어려움이었다. 학교에서 말을 못한다고 따돌림까지 받던 지현이는 당시 담임선생님이 "지현이는 한국어를 잘하니까 앞으로 영어도 잘하게 될 테고, 다른 친구들보다 더 뛰어나게 될 거야"라고 격려한 데 힘입어 영어에 자신감을 얻고 이때부터 영어 공부에 재미를 느끼게 되었다.

그러나 제2의 모국어인 영어 외에 본격적으로 외국어를 습득하기 시작한 계기는 따로 있다. 지현이의 옆집에 일본인 아주머니가 살고 있었는데 놀러 가면 맛있는 과자를 대접했다. 지현이는 아주머니에게 과자를 얻어먹는 재미로 자주 그 집에 놀러 갔고 영어가 서툰 아주머니에게서 자연스럽게 일본어를 배울 수 있었다.

이처럼 지현이가 외국어를 습득하게 된 계기는 항상 사람에 대한 관심과 호기심이 관련되어 있었다. 사춘기 시절, 디에고라는 스페인 소년을 짝사랑하면서 그에게 잘 보이고 싶어 스페인어를 공부한 끝에 기어코 1등을 따내기도 했으며, 매주 자원봉사를 하러 다니는 양로원의 중국인 할머니와 친해지려고 중국어도 배웠다. 또 프랑스 패션과 문화에 관심을 가지면서 문학 작품을 원어로 읽어보고 싶은 마음이 들어 프랑스어를 공부하기도 하였다. 최근에 습득한 러시아어는 러시아 영화를 보다가 '다(Da : '네' 라는 뜻)' 라는 러시아 단어에 매력을 느껴 공부하기 시작했다.

지현이는 물론 높은 언어지능의 소유자다. 그러나 지현이의 언어지능이 발휘되는 계기를 눈여겨볼 필요가 있다. 영어와 그 외의 외국어를 배우게 된 계기는 모두 사람에 대한 관심과 관련되어 있다. 이것으로 지현이의 인간친화지능이 매우 높다는 것을 알 수 있다.

인간친화지능이 높은 지현이의 입장에서 이민 직후에 겪은 의사소통의 어려움은 큰 고통이었을 것이다. 어떻게든 극복하고 싶은 의지가 있었을 것이고 그것을 극복해내는 과정에서 언어지능이 발휘되었을 것이다.

이후 다른 외국어를 습득하게 된 계기도 모두 높은 인간친화지능과 관련되어 있다. 옆집 아주머니와 친분을 쌓으며 익힌 일본어, 좋아하는 남자의 환심을 사려고 시작한 스페인어, 외로운 중국 할머니를 기쁘게 해주고 싶은 마음에 습득한 중국어, 이 모든 것이 주변 사람들과 잘 지내고자 하는 의지에서 비롯된 것이다.

자연지능 활용해 요리 공부에서 학교 공부까지 정복한 노유정

노유정(12세) 양은 국내 최연소 요리사라는 기록을 갖고 있다. 12세에 양식과 일식 조리사 자격증을 땄으며 초등학교 졸업 전까지 한식 · 중식 · 복어 조리사 자격증까지 딸 계획이라고 한다.

유정이는 어려서부터 손재주가 좋았고 미술에도 재능을 보였다. 게다가 부모님이 횟집을 하고 있던 터라 자연스럽게 요리에 관심을 갖게 되었다. 어릴 때 부모님이 운영하는 식당에서 파를 다듬거나 당근, 무 같은 야채를 가지고 놀았으며, 초등학교에 들어가면서부터는 직접 요리를 만들기 시작했다.

요리를 잘하려면 각 재료의 특징을 알고 맛을 그려낼 수 있는 상상력이 풍부해야 하는데, 그런 점에서 자연지능을 타고 났다고 볼 수 있다.

또 유정이는 어릴 때부터 신체운동지능이나 공간지능이 높은 편이었다. 요리는 종합예술이라 불릴 만큼 미적 재능이나 손 근육을 섬세하게 움직이고 느낄 수 있는 감각이 요구되는데 유정이는 이런 감각을 타고난 것이다.

더욱 고무적인 것은 요리사 자격증을 취득하면서 얻은 자신감으로 학교 공부에 흥미를 갖게 되어 학교 성적까지 올랐다는 점이다. 이는 강점지능을 살리면 강점 분야뿐 아니라 학교 공부에서도 성과를 낼 수 있다는 희망적인 메시지를 보여주는 사례다.

뜯어말려도 공부하는 아이로 만들기 위한 부모의 전략

　지금까지 강점지능을 살려 성공한 아이들과 그 부모의 역할을 차례로 살펴보았다. 이를 통해 공부와 직접 관련이 있는 언어지능, 논리수학지능뿐 아니라 나머지 여섯 가지 지능도 제대로 살리면 얼마든지 공부에 긍정적인 영향을 미친다는 사실을 알 수 있게 되었다. 공부와 직접 관련이 없는 지능을 살리면 어떻게 해서 공부가 즐거워지는 걸까? 그 이유는 다음과 같다.

하나, 시키지 않아도 스스로 공부하게 된다.

　사람은 자신이 잘하는 것에서 즐거움을 느끼게 마련이다. 자기가 좋아하고 흥미 있는 것을 마음껏 하라는데 마다할 이는 없을 것이다. 강점지능을 활용한 학습법은 바로 그런 기적을 일으킨다.

　자신의 강점지능을 활용하여 공부 내용을 적극적으로 다시 해석하고 자신이 좋아하는 방식으로 공부하면 공부가 재미있어질 수밖에 없다. 공부하는 태도가 주도적이 되면 스스로 공부 내용과 방법을 이끌어나가게 되고, 그러다 보면 재미가 붙고 시키지 않아도 알아서 공부하게 되는 것이다.

둘, 공부에 욕심을 내게 된다.

　공부를 잘하기 위해서 공부의 목적과 목표는 매우 중요하다. 목적과 목표에 대한 생각 없이 공부를 지속하기는 어렵기 때문이다. 따라서 자신의

강점지능을 안다는 것은 인생의 방향을 탐색하는 데 중요한 단서가 될 수 있다. 결국 자신의 강점을 활용한다는 것은 이미 어떤 목표를 갖고 미래를 준비한다는 것과 같은 의미가 됨으로써 아이는 목적과 목표를 갖게 되는 것이다.

따라서 아이가 자신의 강점지능을 알고 그것을 활용하고자 마음먹는 순간 삶의 목표가 세워질 것이고, 그것을 이루기 위해 자연스럽게 공부에 욕심을 갖게 된다.

셋, 자신감을 갖게 된다.

누구나 때때로 자기에 대한 실망감을 느낄 수 있고, 자신감을 잃어버릴 때가 있다. 이때 '나는 원래 잘할 수 있는 사람이야', '나는 강점지능이 있는 사람이야' 라고 스스로 생각할 수 있다면 다른 누군가의 백 마디 격려보다도 더 의미가 있을 것이다. 스스로 자신을 믿는 마음, 할 수 있다고 생각하는 마음은 자기 존재의 가치를 스스로 높여줌으로써 '공부를 못하면 어떡하지?' 라는 불안과 두려움을 없앨 수 있다.

넷, 학교생활이 즐거워진다.

아이가 자신의 강점지능을 이용해 집단의 여러 활동에서 적극적으로 참여하면 친구들과 선생님과의 관계가 훨씬 좋아질 것이다. 사람들이 좋으면 함께 공부하는 것 자체가 즐거움이 되고, 그 즐거움은 바로 학업 성취도로 연결된다.

다섯, 공부 내용을 새롭게 받아들이고 깊이 있게 생각하게 된다.

자신의 강점지능을 활용하여 공부 내용을 새롭게 받아들이면, 학교나 학습 과제에 수동적으로 끌려가는 것이 아니라 자기만의 생각을 통해 더 확장된 지식을 습득할 수 있게 된다. 학습 과제 자체가 매번 흥미 있고 도전적인 생각거리가 되는 것이다.

앞서 예로 들은 송유근 군과 진보라·임지현·노유정 양의 사례에서도 알 수 있듯이 자신의 강점지능을 잘 살리면 원하는 분야에서 단순히 즐기며 만족하는 것에서 더 나아가 학업에서도 긍정적인 결과를 이끌어낼수 있게 된다. 이는 부모들이 적성과 소질을 살려 성공하는 것이 공부를 잘해서 성공하는 것보다 더 어려운 일이라며 아이의 적성과 소질을 무시하려는 게 얼마나 잘못된 생각인지를 잘 보여주는 사례라 하겠다.

그렇다면 강점지능을 살리려면 무엇을 어떻게 해야 할까?

강점지능을 살려 성공한 사람들에는 두 부류가 있다. 하나는 환경의 영향을 받아 자연스럽게 관심을 갖게 되고 스스로 노력해서 성공한 경우로 새 박사 윤무부가 이에 해당한다. 다른 하나는 부모가 자식의 재능을 일찌감치 알아보고 그 재능을 키워준 경우다.

전자의 경우는 짐작하듯이 먹고살기조차 어렵던 시절의 성공 사례다.

그 시절은 혜택받은 소수의 사람들 이외에는 모두 생활이 어려워서 교육의 기회를 누리기 힘들었다. 때문에 경쟁이 그다지 치열하지 않아서 재능이 있고 노력만 하면 누구나 성공의 열쇠를 손에 쥘 수 있었다. 흔히 말하는 '개천에서 용' 나는 케이스가 얼마든지 가능했던 것이다.

그러나 지금은 시대가 많이 달라졌다. 능력 있는 부모가 아이에게 가장 좋은 경쟁력이 되는 시대다. 어떤 부모를 만나느냐가 아이의 미래를 좌우하는 시대가 되었다. 이는 비단 부모의 경제력이나 학력만을 의미하는 것은 아니다.

송유근이나 노유정·임지현의 부모들은 결코 엄청난 경제력의 소유자가 아니었으며 박사나 학자도 아니었다. 사회적 조건으로 봐서는 평범한 사람들이었지만 그들 모두 비범한 면이 따로 있었다. 자식에 대한 관심, 그 관심을 바탕으로 하는 정확한 판단력, 진로에 대한 열린 시각, 더불어 자식을 믿고 때를 기다려주는 느긋함 같은 것들이다. 이는 무조건 돈이 많아야 자식을 잘 키울 수 있다고 믿는 많은 부모들에게 시사하는 바가 크다.

이들 이외에도 성공한 사람 뒤에는 훌륭한 부모의 노력이 있었던 경우가 많다. 유난히 작은 체격에 평발이었던 박지성 선수에게는 남들이 아니라고 할 때도 끝까지 아들의 능력을 의심하지 않았던 아버지가 있었고, 소프라노 조수미 씨의 세계적인 성공 뒤에는 큰 포부를 품을 수 있게 시야를 세계로 넓혀준 아버지가 있었다. 학교 성적은 엉망이면서 컴퓨터에만 관심을 보이는 아들에게 화를 내기보다 컴퓨터와 관련한 진로를 생각해볼 수 있는 기회를 주었던 빌 게이츠의 엄마도 빼놓을 수 없다.

이제 정리를 해보자. 강점지능을 살려 스스로 공부하는 습관을 들이기 위해 부모는 어떻게 해야 할 것인가?

첫째, 고정관념을 버리자.

IQ가 좋아야 공부를 잘한다는 생각, 학원을 다녀야 공부를 잘한다는 생각, 책상 앞에 앉아 있는 시간이 길어야 공부를 잘한다는 생각, 공부는 하기 싫어도 꾹 참고 열심히 해야 하는 것이라는 생각, 이 모든 고정관념을 버리자. 그 대신 우리 아이도 얼마든지 공부를 잘할 수 있는 지능을 갖고 있다, 우리 아이에게 맞는 공부법은 따로 있다, 공부는 얼마든지 즐기면서 할 수 있는 것이라는 생각으로 발상을 전환하자.

둘째, 관심을 갖고 아이를 세심하게 관찰하자.

아이에게 공부하라고 강요하지 말고, 아이의 탐구심을 끌어올릴 방법을 찾아보자. 그러기 위해서 아이가 무엇에 호기심을 갖고 흥미를 갖는지 관찰해보자.

셋째, 아이의 강점지능을 찾아 격려해주자.

다중지능검사를 통해 아이의 강점지능과 약점지능을 찾아보자. 아이가 강점지능과 관련된 부분에서 재능을 보이면 적극적으로 관심을 보이고 격려하여 자신감을 키워주자.

넷째, 집중 공략할 과목을 결정하자.

아무리 공부를 못하는 아이라도 상대적으로 잘하는 과목이 하나쯤 있을 것이다. 꼭 잘하는 과목이 아니라도 좋다. 아이가 좋아하는 과목, 부담을 덜 느끼는 과목도 괜찮다. 단, 집중 공략할 과목을 결정할 때는 반드시 아이와 함께 상의하도록 하자. 스스로 선택했을 때 아이는 더 의욕을 갖게 될 것이다.

다섯째, 아이의 지능 지도에 맞는 공부법으로 한 과목을 집중 공략하자.

집중 공략 과목이 결정되면 아이의 지능 지도에 맞는 방법을 찾아보자. 언어지능이 높은가 논리수학지능이 높은가에 따라 이야기 꾸미기를 할지 원인을 분석할지를 결정하고, 인간친화지능이 높은가 자기성찰지능이 높은가에 따라 여럿이 모여 토론할 수도 있고 계획을 세워 혼자 공부할 수도 있다. 또 공간 · 음악 · 신체운동 · 자연지능 중 어느 쪽이 높은가에 따라 그림을 그리거나 노래를 만들거나 연극을 해보거나 관찰을 해볼 수도 있다.

여섯째, 집중 공략 과목의 성적이 오르면 최대한 칭찬해주자.

지능 지도에 따라 공부해서 성적이 올랐다면 과장이다 싶을 정도로 칭찬해주자. 성적이 많이 오르지 않아도 좋고, 아예 오르지 않아도 좋다. 공부하는 동안 집중하거나 즐거워하기만 했어도 칭찬해주자. 지금 당장 성적이 오르지 않아도 공부하는 태도가 바뀌었다면 반드시 성적이 좋아질 수밖에 없을 테니 잠깐 욕심을 접고 칭찬해주자. 엄마가 건넨 칭찬 한마디는 반드시 부메랑이 되어 좋은 결과로 돌아올 것이다.

일곱째, 한 과목에 자신감이 생기면 취약 과목에도 도전해보자.

잘하는 과목을 집중 공략하는 데 성공해서 자신감이 생기면 아이는 틀림없이 다른 과목에도 도전하고 싶은 의욕을 느낄 것이다. 아이가 이런 의사를 보이면 적극 격려하고, 지능 지도를 고려하여 공부법을 찾아보자.

1부에서 학습에 성공한 공부 마니아들의 사례를 통해 강점지능을 살리면 누구나 공부를 잘할 수 있다는 것을 알게 되었다. 따라서 이제 내 아이도 강점지능을 찾아내 학습 동기를 찾아주고, 좋아하고 잘하는 것에서부터 조금씩 성취감을 맛볼 수 있게 이끌어준다면 얼마든지 공부에 재미를 붙일 수 있으리라는 희망이 보인다. 그 희망을 현실로 이루려면 우선 아이의 강점지능을 찾아내야 할 것이다.

강 점 지 능 살 리 면
뜯 어 말 려 도 공 부 한 다

이 장에서는 강점지능을 찾기 위한 검사와 생활 속에서 알아볼 수 있는 다양한 방법을 제시하고자 한다. 먼저 제공된 다중지능검사를 통해 검사를 해볼 수 있다. 물론 전문가의 도움을 받아서 좀 더 정밀한 검사를 받으면 더욱 정확한 결과를 얻을 수 있을 것이다. 하지만 앞서 자녀 교육에 성공한 부모들의 남다른 점 가운데 하나가 관심과 관찰이었음을 생각해볼 때 부모 스스로 자녀의 강점지능을 알아내는 것이 교육적으로도 의미가 있으며, 또 그 결과 역시 어떠한 검사보다 정확할 것이다. 아이를 가장 가까이에서 대하는 부모가 누구보다 아이를 가장 잘 알 수 있기 때문이다.

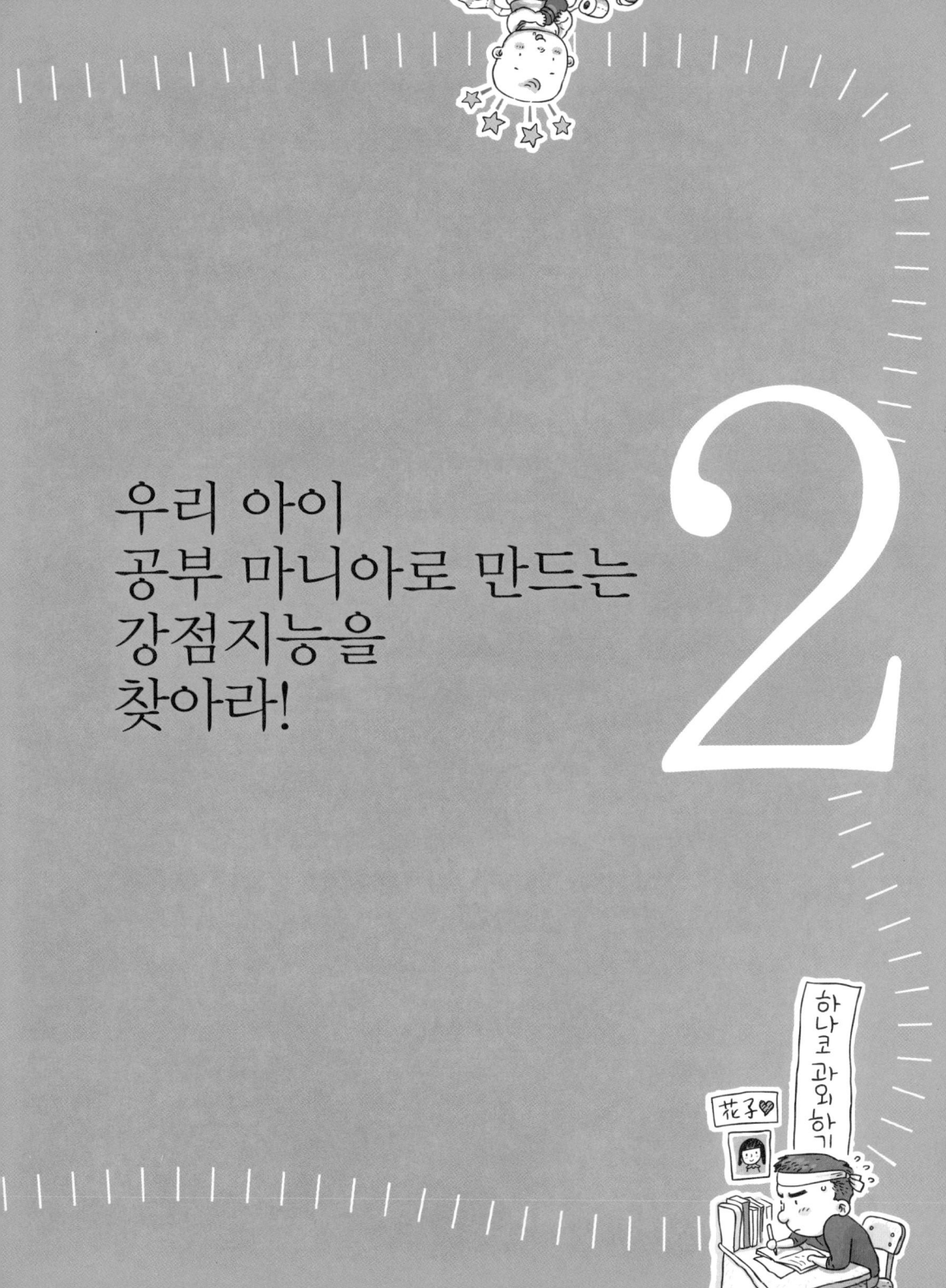

2

우리 아이
공부 마니아로 만드는
강점지능을
찾아라!

1 다중지능 문항검사로 강점지능 찾기

이 책에 제공되는 다중지능검사는 그동안 개발되어 소개되었던 다중지능검사의 문항을 우리의 실생활에 맞추어 관찰척도화한 검사지이다. 이 다중지능 체크리스트를 통해 아이가 가진 여덟 가지 다양한 잠재력을 간단히 측정해볼 수 있다.

다중지능검사가 측정하는 여덟 가지 지능 요소는 다음과 같다.

- **언어지능** 음운·어문·의미의 요소를 활용하여 말하기, 읽기, 쓰기, 듣기, 그 외 의사소통 능력, 말하고 쓰기 등을 즐길 수 있는 능력
- **논리수학지능** 숫자·규칙에 대한 이해력, 수 계산, 논리적 사고, 가설 검증력, 정보 요약을 즐길 수 있는 능력
- **인간친화지능** 몸짓과 표정을 이해하고 타인을 인식하는 데 필요한 능력, 지도력, 타인을 동기화할 수 있는 능력, 다른 사람과 더불어 행동하고 함께 즐길 수 있는 능력
- **자기성찰지능** 자신의 느낌과 감정을 인식하고 미래를 계획할 수 있는 능력, 자기만의 세계를 만들 수 있고 이를 즐길 수 있는 능력
- **공간지능** 도형·그림·지도 등의 평면 시각 정보를 다루는 능력, 공간 및 입체 상징물을 만들어내는 능력, 시각 정보와 그 처리 과정을 즐길 수 있는 능력
- **음악지능** 가락·리듬·소리에 민감하고 노래 부르기, 연주, 작곡, 음악 감상하기 등을 즐길 수 있는 능력

신체운동지능 춤, 운동, 연기, 손으로 만드는 예술 작품, 몸 전체로 하는 신체 예술을 할 수 있는 능력, 신체 활동을 즐길 수 있는 능력

자연지능 동식물, 광물에 대한 분류·인식·조작 능력, 미각·촉각 등의 경험을 분석하거나 통합할 수 있고 그에 관련된 정보를 즐기는 능력

다음에 주어지는 문항을 잘 읽고 내 아이에게 더 가깝다고 생각하는 것에 ∨표 해보자. 여덟 가지 다중지능은 서로 대비되는 특징이 있는 것끼리 묶어 다시 세 종류의 지능군으로 나누어볼 수 있다.

첫째, 계열 선호별 지능군으로 언어 영역의 학습을 더 선호하는 언어지능과 수리 영역의 학습을 더 선호하는 논리수학지능이 포함된다.

둘째, 어떤 유형의 학습이 더 효과적이냐에 따라 구분되는 학습 유형별 지능군으로 다른 사람과의 상호작용을 선호하는 인간친화지능과 자기 자신에 대한 탐구를 선호하는 자기성찰지능이 포함된다.

셋째, 어떤 인지 양식을 더 쉽게 받아들이느냐에 따라 구분되는 인지 양식별 지능군으로 공간지능, 음악지능, 신체운동지능, 자연지능이 포함된다.

이 같은 구분은 강점지능을 더욱 편리하게 구별해내기 위한 것으로 같은 지능군 안에서 더 발달한 지능이 있는 경우가 대부분이지만, 간혹 같은 묶음 안의 지능이 모두 발달한 경우도 있다. 앞으로 이 점을 참고하여 내 아이의 계열 선호별 강점지능은 무엇이고, 학습 유형별 강점지능은 무엇이며, 또 인지 양식별 강점지능은 무엇인지 잘 판단해보도록 하자.

언어지능형 vs 논리수학지능형

언 어 지 능	그렇다	아니다
① 친구 집에 놀러 가면 동화나 소설책부터 찾아 읽는다.	☐	☐
② 여러 사물이나 사람의 모습을 다양하고 재미있는 말로 표현한다.	☐	☐
③ 학교에서 있었던 일을 구구절절 말하는 편이다.	☐	☐
④ TV에서 나오는 새로운 말을 쉽게 기억하고 사용한다.	☐	☐
⑤ 다른 사람을 말로 웃기는 재주가 있다.	☐	☐
⑥ 글쓰기 대회에서 상을 받은 경험이 많다.	☐	☐
⑦ 시나 동화를 즐겨 쓰고 제법 잘 쓰는 것 같다.	☐	☐
⑧ '우리말 바르게 쓰기' 와 같은 TV 프로그램을 좋아한다.	☐	☐
⑨ 다른 사람이 말하는 요지를 잘 안다.	☐	☐
⑩ 발표력이 좋다는 이야기를 종종 듣는다.	☐	☐
⑪ 끝말잇기놀이를 좋아하는 편이다.	☐	☐
⑫ 책을 읽거나 영화를 본 후 느낀 점을 글로 잘 표현한다.	☐	☐
⑬ 맞춤법을 잘 알고 있는 편이다.	☐	☐
⑭ 나이에 비해 어휘력이 좋은 편이다.	☐	☐
⑮ 말할 때 자신의 의견을 정확하게 표현한다.	☐	☐

언어지능과 논리수학지능에서 '그렇다' 고 답한 개수를 세어보자.

언어지능 ( )개 → 언어지능의 개수가 많다면?	언어지능형 아이	
논리수학지능 ( )개 → 논리수학지능의 개수가 많다면?	논리수학지능형 아이	

논 리 수 학 지 능	그렇다	아니다
① 경험한 일을 시간 순서에 따라 조리 있게 설명한다.	☐	☐
② 물건을 살 때 암산이 정확하고 빠른 편이다.	☐	☐
③ 새로운 가전제품의 사용법을 잘 알아내거나 쉽게 익힌다.	☐	☐
④ 어려운 문제를 보면 쉽게 포기하지 않고 문제를 풀려고 집요하게 노력한다.	☐	☐
⑤ 수학을 좋아하며 수학을 잘하는 편이다.	☐	☐
⑥ 새로운 컴퓨터나 보드게임의 방법을 쉽게 익힌다.	☐	☐
⑦ 로봇, 우주 전람회 등 과학 전시관에 가는 것을 좋아한다.	☐	☐
⑧ 평소에 "왜요?"라는 질문을 많이 한다.	☐	☐
⑨ 물리나 화학 관련 주제를 좋아하는 편이다.	☐	☐
⑩ 수학과 과학에서 틀린 문제가 있으면 왜 틀렸는지 이유를 꼭 확인하고 넘어간다.	☐	☐
⑪ 수수께끼 풀기를 좋아한다.	☐	☐
⑫ 동물원에 가면 어느 동물의 수가 많고 적은지부터 보는 편이다.	☐	☐
⑬ 어림짐작하여 물건의 개수를 잘 맞히는 편이다.	☐	☐
⑭ 사건의 원인과 결과를 잘 알아차리는 편이다.	☐	☐
⑮ 컴퓨터 자체가 어떻게 움직이는지 관심이 많다.	☐	☐

둘의 개수가 똑같은 경우에는 아이와 대화를 통해 어느 쪽에 더 흥미를 느끼는지 알아본다. 예를 들어 "국어가 좋니, 수학이나 과학이 좋니?" 같은 질문을 할 수도 있고, 이야기책에 재미를 느끼는지 아니면 도감이나 자연과학 분야의 책에 더 재미를 느끼는지 알아보는 것도 강점지능을 판단하는 중요한 단서가 될 수 있다. 흥미는 과제를 지속시킬 에너지를 일으키는 동력이기 때문이다.

인간친화지능형 vs 자기성찰지능형

인 간 친 화 지 능	그렇다	아니다
① 주변에 친구가 늘 들끓는 편이다.	☐	☐
② 엄마의 기분을 잘 알아채는 편이다. 한마디로 눈치가 빠르다.	☐	☐
③ 그동안 학급 임원으로 자주 선출되었다.	☐	☐
④ 친구의 생일파티에 자주 초대받는 편이다.	☐	☐
⑤ 친구의 고민을 잘 들어주고, 친구의 문제를 해결해준다.	☐	☐
⑥ 친구 사귀기를 즐기고, 새로운 친구를 만나면 쉽게 친해진다.	☐	☐
⑦ 남의 관심사와 흥미에도 관심이 많고 존중하는 편이다.	☐	☐
⑧ 자기가 잘 아는 내용을 친구들에게 친절하게 가르쳐준다.	☐	☐
⑨ 불쌍한 사람을 보면 도움을 주려고 노력한다.	☐	☐
⑩ 친구들을 잘 설득해서 무엇인가를 하려는 경향이 있다.	☐	☐
⑪ 다른 사람들을 잘 관찰하는 편이다.	☐	☐
⑫ 일을 할 때 혼자서 하기보다 그룹으로 하기를 더 좋아한다.	☐	☐
⑬ 친구들과 즐겁게 놀이하는 방법을 알고 있다.	☐	☐
⑭ 다른 사람을 돕는 일에 자발적으로 나서는 편이다.	☐	☐
⑮ 친구들과 전화, 이메일을 자주 주고받는 편이다.	☐	☐

인간친화지능과 자기성찰지능에서 '그렇다'고 답한 개수를 세어보자.

인간친화지능 ( )개 →	인간친화지능의 개수가 많다면?	인간친화지능형 아이
자기성찰지능 ( )개 →	자기성찰지능의 개수가 많다면?	자기성찰지능형 아이

자 기 성 찰 지 능	그렇다	아니다
① 하루 일과를 일기로 꼭 정리한다.	☐	☐
② 스스로 계획을 세우며 실천하는 편이다.	☐	☐
③ 자기의 장점을 다섯 가지 이상 알고 있다.	☐	☐
④ 자기가 커서 하고 싶은 일을 뚜렷하게 정해놓았다.	☐	☐
⑤ 명상이나 요가를 좋아한다.	☐	☐
⑥ 여럿이 함께 하는 일보다는 혼자 하는 일을 선호한다.	☐	☐
⑦ 자신의 약점이나 부족한 점을 정확하게 알고 있다.	☐	☐
⑧ 자신의 약점을 보완하려고 노력하는 편이다.	☐	☐
⑨ 자기가 원하는 직업이 무엇인지 잘 알고 있다.	☐	☐
⑩ 자신의 일기장 · 작품 · 사진 등을 모아둔다.	☐	☐
⑪ 다른 사람들이 하는 말에 크게 신경 쓰지 않는 편이다.	☐	☐
⑫ 중요한 문제가 생기면 골똘히 생각하는 편이다.	☐	☐
⑬ 자신의 성격에 대해서 잘 알고 있다.	☐	☐
⑭ 성공하는 방법, 공부 잘하는 방법과 같은 책 읽기를 좋아한다.	☐	☐
⑮ 건강에 좋은 음식을 챙겨 먹는 편이다.	☐	☐

둘의 개수가 똑같은 경우에는 이렇게 질문해보자. "가끔은 혼자 있고 싶을 때가 있니?" 초등학교 때는 여럿이 어울려 지칠 줄 모르고 뛰어노는 시기다. 팀을 짜서 각자 역할을 맡고 술래잡기, 전쟁놀이를 즐기는 등 혼자보다는 함께 하는 놀이를 훨씬 더 많이 즐긴다. 그러나 이런 시기에 혼자 있는 시간의 중요성을 아는 아이라면 자기성찰지능이 매우 발달해 있으며, 자신의 학습 목표를 꾸준히 지켜갈 수 있는 심리적 힘이 있다고 볼 수 있다.

공간지능형 vs 음악지능형 vs 신체운동지능형 vs 자연지능형

공 간 지 능	그렇다	아니다
① 학교 가는 길을 지도로 그릴 수 있다.	☐	☐
② 어려운 내용은 그림으로 그려가면서 이해한다.	☐	☐
③ 조립하기나 만들기 활동을 즐겨 한다.	☐	☐
④ 한 번 갔던 길을 잘 찾는 편이다.	☐	☐
⑤ 어림짐작으로 사물 간의 크기를 쉽게 비교한다.	☐	☐
⑥ 미술 관련 대회에서 수상한 경험이 많다.	☐	☐
⑦ 블록의 앞, 뒤, 옆의 모습을 쉽게 파악한다.	☐	☐
⑧ 음악회나 콘서트보다는 그림 전시회나 미술관을 좋아한다.	☐	☐
⑨ 옷을 예쁘게 입고 취향이 독특한 편이다.	☐	☐
⑩ 낙서하기와 만화 그리기를 좋아한다.	☐	☐
⑪ 사람의 옷차림, 생김새를 잘 기억하는 편이다.	☐	☐
⑫ 자기의 생각을 그림으로 설명하기를 즐긴다.	☐	☐
⑬ 퍼즐놀이를 좋아하는 편이다.	☐	☐
⑭ 영화나 비디오 보기를 좋아하는 편이다.	☐	☐
⑮ 사진이나 그림 보기를 좋아하는 편이다.	☐	☐

특별히 개수가 더 많은 지능이 없다면 이렇게 질문해보자. "가장 신나는 놀이는 뭐니?" "가장 받고 싶은 선물은 뭐니?"

음 악 지 능	그렇다	아니다
① 악기를 다루거나 배우는 것을 좋아한다.	☐	☐
② 자주 노래를 흥얼거리는 편이다.	☐	☐
③ 노래를 하면 '가수 나왔다'는 소리를 자주 듣는다.	☐	☐
④ 주변의 소리에 대해 매우 민감하다.	☐	☐
⑤ 노래 또는 악기와 관련된 특별활동부서를 선택하는 편이다.	☐	☐
⑥ 동요, 가요 등 노래 CD나 테이프를 사고 싶어 한다.	☐	☐
⑦ 즉석에서 노래를 만들어 부르는 것을 즐긴다.	☐	☐
⑧ 처음 듣는 노래를 쉽게 따라 하는 편이다.	☐	☐
⑨ 음악 관련 대회에서 수상한 경력이 많다.	☐	☐
⑩ 노래방에 가서 노래 부르는 것을 좋아한다.	☐	☐
⑪ 공부를 하거나 책을 읽을 때 음악을 들으면서 하기를 좋아한다.	☐	☐
⑫ 노래 간의 차이를 쉽게 알아차린다.	☐	☐
⑬ 노래를 부를 때, 소프라노와 알토의 음의 차이를 정확하게 알아차린다.	☐	☐
⑭ 좋아하는 음악 장르가 있다.	☐	☐
⑮ 악보를 보고 박자, 음계, 빠르기 같은 내용을 잘 파악한다.	☐	☐

아이에 따라 일반적으로 사용하는 것보다 색깔이 많은 색연필이나 악기, 특별한 운동기구 혹은 애완동물이라고 대답할 수 있다. 이처럼 아이와 좋아하는 것, 싫어하는 것, 갖고 싶은 것 등에 관한 대화를 나눔으로써 판단의 단서를 찾을 수 있다.

공간지능형 vs 음악지능형 vs 신체운동지능형 vs 자연지능형

신 체 운 동 지 능	그렇다	아니다
① 운동회나 체육대회에서 항상 상위권에 드는 운동이 있다.	☐	☐
② 몸으로 하는 놀이를 좋아한다.	☐	☐
③ 춤 동작이나 운동 동작을 쉽게 배우는 편이다.	☐	☐
④ 몸이 유연하다는 소리를 자주 듣는다.	☐	☐
⑤ 텔레비전에 나오는 가수들의 춤 동작이나 요가 동작을 즐겨 따라 한다.	☐	☐
⑥ 여가 시간에는 자전거 타기나 인라인 스케이트 등 운동을 한다.	☐	☐
⑦ 육상대회와 같은 체육 관련 대회에서 수상한 경험이 많다.	☐	☐
⑧ 새로운 운동을 배우는 것을 좋아한다.	☐	☐
⑨ 스스로 원해서 태권도, 무용 같은 체육 활동 학원에 다니고 있다.	☐	☐
⑩ 촉각이나 운동, 신체 감각이 예민하게 발달한 것처럼 보일 때가 많다.	☐	☐
⑪ 특별히 좋아하는 운동 경기가 있다.	☐	☐
⑫ 바느질이나 뜨개질같이 손으로 하는 일에 소질이 있는 편이다.	☐	☐
⑬ 자전거를 빨리 배운 편이다.	☐	☐
⑭ 체육 시간을 좋아한다.	☐	☐
⑮ 운동할 때 끈기 있게 참여한다.	☐	☐

공간지능, 음악지능, 신체운동지능, 자연지능에서 '그렇다' 고 답한 개수를 세어보자.

공간지능 (　　　)개 → 공간지능의 개수가 많다면?　　공간지능형 아이

음악지능 (　　　)개 → 음악지능의 개수가 많다면?　　음악지능형 아이

자 연 지 능	그렇다	아니다
① 애완동물 기르는 것을 좋아한다.	☐	☐
② 집에서 기르는 새나 금붕어, 개 등을 관찰하고 달라진 점을 말한다.	☐	☐
③ 꽃, 동물, 곤충 등 자연 생물에 대해 관심이 많아 그와 관련된 책을 많이 읽는다.	☐	☐
④ 공룡의 종류에 관심이 많다.	☐	☐
⑤ 사람의 건강과 먹을거리에 대하여 다른 아이들보다 질문이 많다.	☐	☐
⑥ 인공적인 전시관보다는 산이나 강, 바다에 가는 것을 좋아한다.	☐	☐
⑦ 아름다운 꽃, 동물 그림을 인물 그림이나 건물 그림보다 좋아한다.	☐	☐
⑧ 우표, 돌, 딱지 등을 수집하기를 즐기는 편이다.	☐	☐
⑨ 동물이나 식물을 돌보는 것을 좋아한다.	☐	☐
⑩ 음식 맛을 예민하게 느끼는 편이다.	☐	☐
⑪ 쓰레기 분리수거를 지키는 편이다.	☐	☐
⑫ 공원, 동물원, 아쿠아리움에 가는 것을 좋아한다.	☐	☐
⑬ 새로운 장소에 가면 쉽게 적응하는 편이다.	☐	☐
⑭ 식물과 동물에 관한 질문을 자주 하는 편이다.	☐	☐
⑮ 별자리에 대해서 잘 알고 있는 편이다.	☐	☐

공간지능, 음악지능, 신체운동지능, 자연지능에서 "그렇다"고 답한 개수를 세어보자.

신체운동지능 (　　　)개 → 신체운동지능의 개수가 많다면?　　신체운동지능형 아이

자연지능 (　　　)개 → 자연지능의 개수가 많다면?　　자연지능형 아이

2   생활 속에서 강점지능 확인하기

검사와 질문을 통해 간편하게 강점지능을 찾아내는 방법 외에도 생활 속에서 나타나는 아이의 행동이나 관심 분야를 보고 어떤 성향의 지능이 더 우세한지 알아낼 수 있는 방법이 있다. 앞서도 강조했지만 교육이 성공하려면 부모의 애정과 관심은 필수 덕목이다. 나아가 아이의 강점지능을 알아내는 것은 교육의 방향을 잡는 출발점이기 때문에 부모가 신중하고 주의 깊게 아이의 행동을 관찰하고 관심 분야를 살펴보는 자세가 필요하다.

1 │ 언어지능

모든 사람이 언어를 사용하고 언어를 통해 의사소통을 하는 것을 보면 언어지능은 보편적인 능력이라 할 수 있다. 하지만 언어지능이 평균보다 높은 사람은 자신의 감정을 표현하고 세상을 살아가는 데 언어를 더욱 효과적으로 사용할 수 있다. 이들은 남들과 똑같은 상황을 겪고도 여기에 살을 보태 재미있게 얘기해서 듣는 사람을 즐겁게 하고, 연애편지 하나로 이성의 마음을 사로잡는다. 『토지』를 쓴 박경리, 섬진강 시인 김용택, 명사회자 김제동 등이 이에 해당한다.

언어지능이 높은 아이는 유난히 말을 빨리 배우고 말을 조리 있게 한다. 끝말잇기, 낱말 맞히기 등을 즐기며, 어려운 단어나 외국어를 잘 외운다.

동화 읽고 글쓰기 : 엄마가 골라주는 짧은 책, 혹은 명작을 읽거나 좋은 비디오를 골라 보거나 인터넷 동화나 'TV 동화 행복한 세상' 같은 단편 프로그램을 보고 짧은 글을 써보게 한다. 줄거리를 간단히 요약하고 느낀 점을 쓰게 한다. 아이가 쓴 글을 통해 이야기를 바르게 이해하고 표현했는지, 일이 일어난 순서나 인과관계를 확실히 나타냈는지, 알맞은 어휘와 문장을 사용했는지 살펴본다.

낱말 게임 : 아이에게 특정 글자를 제시하고 그 글자가 포함된 단어를 말하는 게임을 해본다. 예를 들어 '까' 로 시작하는 낱말, 또는 '리' 로 끝나는 낱말을 찾아보자고 말하고 해당 낱말을 얼마나 많이, 빨리 찾아내는지 살펴본다. 또는 끝말잇기 등의 게임을 통해 아이의 어휘력을 확인해볼 수 있다.

이야기 만들기 : 엄마와 함께 이야기를 만들어보는 활동을 해본다. 엄마와 아이가 한 문장씩 이야기를 주고받으며 한 편의 이야기를 완성하는 것이다. 아이가 연결시키는 문장이 문맥에 맞는지 엄마가 즉시 확인할 수 있다. 이것은 언어지능이 강점지능인지를 파악하는 데 좋은 정보가 된다.

(예) 엄마:옛날에 사냥꾼이 살았습니다.

　　　아이:그 사냥꾼은 홀어머니를 모시고 살았습니다.

　　　엄마:그러던 어느 날 어머니가 병에 걸리고 말았습니다.

　　　아이:사냥꾼은 어머니를 치료할 약을 구하러 길을 떠났습니다.

방송기자 놀이 : 아이에게 인터넷이나 책, 신문의 내용 중에서 가장 관심 있는 기사를 선택하게 한 뒤, 방송기자처럼 그 기사를 보고하게 한다. 이때 아이가 기사 내용을 얼마나 정확하게 전달하는지, 전달하고자 하는 내용을 얼마나 적절하게 배열하는지를 보면 사물을 설명하는 능력이 어느 정도인지 판단할 수 있다. 또한 어떤 기사를 선택하는지에 따라 아이가 선호하는 분야까지 알아볼 수 있다.

2 | 논리수학지능

논리수학지능이 높은 사람은 숫자에 특히 민감하고 기호나 규칙, 명제 등을 익숙하게 받아들인다. 교과 과목 중에서는 수학과 과학을 좋아하고, 무슨 일을 하든 합리적이고 논리적으로 한다. 뉴턴이나 아인슈타인처럼 그동안 우리가 천재라고 일컬었던 과학자들이 이 지능의 대표적인 인물이다.

논리수학지능이 높은 아이는 차번호나 전화번호 등 숫자와 관련된 정보를 잘 기억하고 "왜?"라는 질문을 자주 한다.

스무고개 : 스무고개는 스무 번의 질문으로 답을 알아맞히는 놀이다.

스무 번이라는 횟수로 제한되어 있기 때문에 아이는 나름대로 정답을 알아맞히기 위해 전략을 세워야 한다. 또한 질문을 하는 과정에서 자신의 짐작을 바꿔나가야 한다. 이 과정에서 얼마나 치밀하게 답을 향해 질문을 좁혀나가는지, 어떻게 적절하게 다음 질문을 생각해내는지를 살펴보아야 한다. 단순히 "감이야?", "장미야?", "하마야?"라고 처음부터 단정적인 질문을 하는 아이보다 "먹는 거야?", "움직이는 거야?", "다리는 네 개야?" 같이 질문을 세분화하고 좁혀나간다면 논리적인 능력이 있다고 볼 수 있다.

시장놀이 : 대형 마트나 백화점의 홍보지에는 다양한 물건들이 다양한 가격으로 제시되어 있어 실제 시장을 방불케 한다. 이 광고 전단지를 이용하여 아이와 함께 시장놀이를 해본다. 시장놀이는 여러 가지 방법으로 가능하다. 우선 상황을 설정해준다. '3만 원으로 아이 생일 잔칫상 차리기', '주말 저녁 가족 모임 상차림' 등 상황에 맞게 적당히 돈을 주고 장을 보는 놀이를 할 수 있다. 또는 '만 원 한도 내에서 사고 싶거나 먹고 싶은 물건 다섯 개까지 사기', '만 원으로 가장 다양한 물건 사기' 등등 다양한 놀이가 얼마든지 가능하다.

이러한 활동으로 아이가 상황에 맞는 치밀한 계획을 세울 수 있는지, 계산하는 능력은 어느 정도인지 알아낼 수 있다.

그림 맞추기 : 주변에서 쉽게 구할 수 있는 짧은 만화를 선택하여 각각의 컷을 오린다. 오려진 컷들을 순서 없이 섞어놓고 아이가 직접 이야기

진행의 순서에 따라 만화 순서를 맞춰보게 한다. 아이가 원래 순서에 따라 컷을 배열하는지, 혹은 나름대로 시간 순서와 인과관계를 정해 만화를 재배열하는지 확인한다. 간단한 만화 컷으로 아이의 지능을 알아낼 수 있다.

3 │ 인간친화지능

인간친화지능은 대인관계에서 생기는 문제를 잘 해결하고, 원만한 대인관계를 만들어나가는 능력이다. 사람은 혼자서 살아갈 수 없기 때문에 원만한 인간관계는 사회적 성공과 삶의 행복에서 빼놓을 수 없는 항목이다. 대표적인 인물로 3중 장애를 겪고 있던 헬렌 켈러를 위대한 사회사업

가로 키운 앤 설리번을 들 수 있다.

인간친화지능이 높은 아이는 엄마나 가족의 마음을 잘 읽고 기분을 맞출 줄 알며, 친구들과도 잘 어울린다.

교실모형놀이 : 우선 교실이라고 이름 붙인 평편한 상자를 준비한다. 그리고 교사와 학생들을 닮은 종이인형을 만든다. 돌아가며 학생과 교사를 맡아 여러 가지 상황을 재현해보는 역할놀이를 통해 아이의 평소 교실생활을 알아보도록 한다.

이 활동은 교실에서 벌어지는 상황이나 경험을 아이가 얼마나 잘 관찰하고 이해하고 반성할 수 있는지를 알아보기 위한 것이다. 또한 엄마가 아이에게 다음과 같은 질문을 하여 인간친화지능 발달 정도를 판단해볼 수 있다.

"누가 누구와 친한지 한번 모둠을 만들어볼래? 이 아이들은 왜 그렇게 친한 거니?"

이와 같은 제시에 아이가 친구들의 모둠을 만들고 그렇게 만든 기준과 그들이 친한 이유를 알고 있다면 다른 사람에 대한 관심이 많은 것이다.

"우리 반에서 너랑 가장 친한 친구는 누구니? 어떻게 그렇게 친해졌니?"

이런 질문에 아이가 친한 친구의 이름을 쉽게 말하고 자기 친구에 대해 긍정적으로 이야기한다면 인간친화지능형 아이일 가능성이 높다.

"네 주변에 모으고 싶은 친구들이 누구야? 한번 모아볼래? 이 친구들과 친하게 지내려면 어떻게 해야 하지?"

친하게 지내고 싶은 친구들이 있다면 다른 사람에 대한 관심도 있고 적어도 인간친화지능이 중간 정도는 된다고 볼 수 있다. 그리고 함께 놀고 싶은 친구와 친해지는 방법까지 알고 있다면 인간친화지능이 더욱 높은 것이다.

일반적으로 친구를 사귈 때 함께 놀자고 초대하기, 웃어주거나 이름을 부르거나 작은 선물을 주어 호감 사기, 그리고 친구에게 준비물 빌려주기 같은 돕기 행동 등이 있다. 이와 같은 행동과 말을 다양하게 구사할수록 인간친화지능이 높은 것이다.

4 | 자기성찰지능

자기성찰지능은 자기 자신을 느끼고 그 감정의 범위와 종류를 구별해내며, 자신과 관련된 문제를 잘 풀어내는 능력이다. 이 지능이 높은 사람은 개인의 감정에 충실하며, 자신을 위해 진지한 삶의 목표를 세우고 그 목표를 실현하기 위해 자신을 다스릴 줄 안다. 성철 스님이나 예수 같은 성직자, 자신의 신념을 지킨 간디, 안중근 의사 같은 이들이 대표적이다.

계획 세우기 : 아이에게 지금 꼭 해야 할 일을 한 가지 정한 뒤 그 일을 하기 위해 해야 할 작은 일들은 무엇인지 생각해보게 한다. 예를 들어 태권도의 검은 띠를 따고자 한다면 매일 태권도장에 다니고, 배운 것을 집에 와서 30분 연습하고, 체력 보강을 위해 밥을 잘 먹는다는 등등 그에 따른 작은 일들이 있을 것이다.

약속일지 쓰기 : 아이가 하고자 하는 일을 정한 후 엄마와 함께 의논하여 구체적인 계획을 세워본다. 그리고 이 계획을 실천하기 위해 지금 해야 할 일을 세 가지 정하고 엄마에게 꼭 실천하겠다는 약속을 한다. 지키기로 한 약속은 아래에 제시된 형식에 맞춰 약속일지에 기록함으로써 아이가 자신의 계획을 달성하기 위해 노력하고 반성하는지를 확인할 수 있도록 한다.

나는 (   )을/를 하고 싶습니다. 그것을 위해 약속합니다.

약속하기
1
2
3

약속일지						
날짜	실천 확인	날짜	실천 확인	날짜	실천 확인	비고

(잘함 ★★★, 보통 ★★, 못함 ★)

부모가 말하지 않아도 스스로 이 약속일지를 읽어가며 확인하고 있는지, 그리고 개선하려고 노력하는지 살펴본다. 아무리 작은 약속일지라도 지속적으로 실천해간다면 자기성찰지능의 일부인 자기 관리 능력이 매우 높다고 할 수 있다.

이때 주의할 점은 지키기 힘든 너무 무리한 약속을 하지 않도록 하는 것이다. 자기가 할 수 있는 일을 알아서 정하는 것도 자기성찰지능이 잘 발현된 것으로 볼 수 있다.

자아탐구 : 초등학교 고학년은 사춘기가 시작되는 시기다. 이때는 자신에 대해 많은 생각을 하기 시작한다. 아이가 자신의 실제 모습을 잘 알게 될수록 자신의 잠재력을 꾸준히 개발해서 인생을 성공적으로 이끌어갈 좋은 출발점을 만드는 것이다. 이는 스스로를 개선해나갈 가능성이 더 많아지는 것을 뜻한다.

아이에게 자기 자신에 대해 1시간 정도 진지하게 말하게 해보자. 그리고 다음과 같은 주제로 이야기를 나누어보자.

미래에 정말로 얻고 싶은 것은 무엇인가?
어떤 때 행복하다고 느끼나?
내가 잘하는 것은 무엇인가?
무엇을 하고 싶은가?
나에게 부족한 것은 무엇인가?

가장 존경하는 사람은 누구인가?

가장 존경하는 사람의 특징 중 본받고 싶은 것은 무엇인가?

어른도 대답하기 어려운 이와 같은 질문에 진지하고 의미 있는 답을 할 수 있다면 자기성찰지능이 매우 높은 아이라고 할 수 있다.

5 | 공간지능

새하얀 백지 위에 그림을 그리는 화가, 눈에 보이지 않는 공간을 상상하며 건물을 설계하는 건축설계사와 그 공간을 아름답게 꾸미는 인테리어 디자이너, 이들은 모두 공간지능이 높은 사람들이다. 공간지능은 도형이나 그림, 지도를 잘 이해하며 그와 관련된 문제를 잘 해결하는 능력을 말한다.

공간지능이 높은 아이는 그리기와 만들기에 소질이 있고, 길을 잘 찾아간다. 또 수학의 도형 부분을 잘 이해하고 즐긴다.

만들기 : 주위의 생활 용품을 활용하여 간단한 물건을 만들어본다. 아이의 호기심을 자극할 수 있는 좋은 기회가 될 것이다. 또한 만들기에서 여러 가지 아이디어를 내는 활동은 창의력을 키우는 데도 큰 도움이 된다. 상자를 꾸며서 소품 상자를 만들어보는 것도 좋고, 간단한 공예 재료를 구입해서 작은 소품을 만들어보는 것도 좋다. 이와 같은 작업을 좋아하고, 손재주가 있으며, 미적 감각도 있다면 공간지능이 높다고 볼 수 있다.

종이접기 : 간단한 종이접기 방법이 나와 있는 그림 자료를 아이에게 주고, 아이가 설명 없이 그림 자료만을 보고 종이접기를 완성하는지 본다. 그림은 평면적으로 제시된 자료이기 때문에 평면의 자료를 입체적으로 생각할 수 있는 능력을 확인할 수 있다.

종이접기 – 곰 만들기

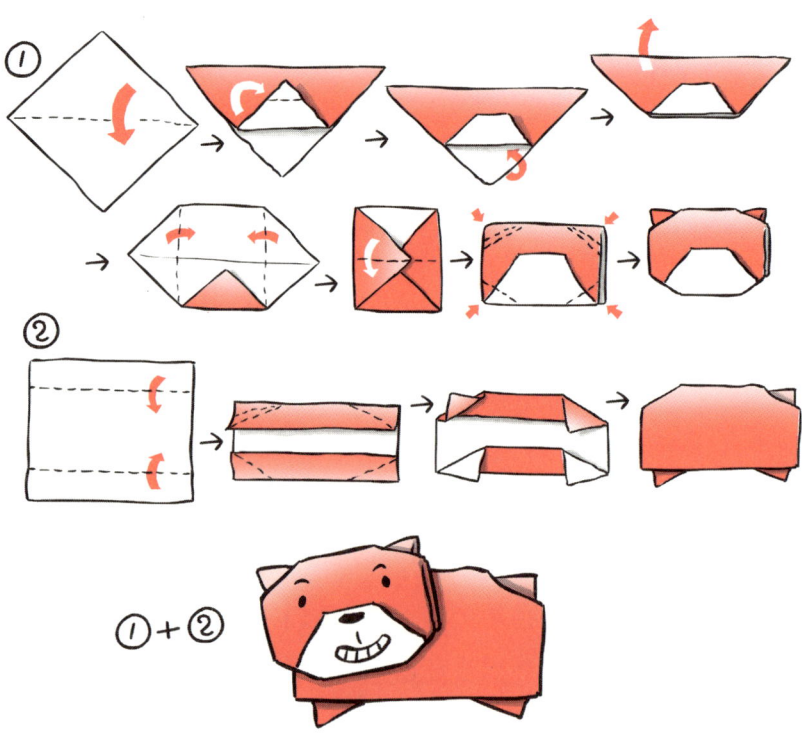

퍼즐 맞추기 : 달력의 예쁜 그림이나 그림엽서를 잘라서 직접 퍼즐을 만들어본다. 먼저 엄마가 그림을 하나 선택하고 아이에게 그림을 보여준다. 이때 아이가 충분히 숙지할 수 있도록 시간을 준다. 그런 다음 엄마가 그림을 여러 조각으로 자른다. 아이한테 그림 조각을 맞추어 원래의 그림으로 완성해보게 한다. 원래 그림 조각의 위치대로 배치할 수 있는지를 확인할 수 있다. 혹은 이 그림 조각으로 도화지에 새롭게 구성을 해보게 할 수도 있다. 의미 있고 설득력 있는 그림 구성을 하는 아이라면 이미지로 사고할 수 있는 능력이 있으며 공간지능이 높다고 볼 수 있다.

6 | 음악지능

음악지능은 리듬, 음정, 음색 등 음악적 상징체계를 쉽게 받아들이고 창조할 수 있는 능력을 말한다. 음악지능이 높은 인물로는 한국이 낳은 세계적인 소프라노 조수미, 첼리스트 장한나, 천재 음악가 모차르트 등을 꼽을 수 있다.

음악지능이 높은 아이는 새로운 노래를 금방 따라 부르고, 음정도 정확하다. 노래를 흥얼거리며 즐기거나 악기 연주에 소질이 있다.

물컵 악기놀이 : 물 높이가 다른 8개 유리컵의 공명을 이용하여 악기와 같은 음색을 표현하는 활동을 해본다. 유리컵 이외에 여러 가지 소리를 낼 수 있는 집 안 기구들로도 가능하다. 악기를 만들어 음계를 확인해본 후 '학교 종이 땡땡땡'과 같은 간단한 노래를 연주해보게 한다.

율동에 맞는 노래 만들기 : 신체 표현을 보고 노래를 창작하는 활동이다. 엄마가 나타내는 율동을 보고 아이가 자신의 느낌을 노래로 표현하는 것이다. 리듬에 민감한 정도, 자신의 느낌을 분위기에 맞게 표현하는 능력, 율동과 어울리는 노래를 만드는 능력 등을 확인하여 아이의 음악지능을 판단할 수 있다.

노래 따라 부르기 : 엄마가 평소에 잘 부르는 노래 한 곡을 선택하여 아이에게 허밍으로 노래를 들려준다. 엄마가 들려준 멜로디를 얼마나 정확하게 재현하는지에 따라 음악적으로 민감한 정도를 파악할 수 있다. 엄마가 노래를 잘 부르지 못해 부담스럽다면 노래가 녹음되어 있는 기기를 활용해도 된다.

악기와 악기 소리 맞추기 : 다양한 악기와 악기 소리가 나와 있는 음악 사이트를 찾아서 악기와 악기 소리를 맞춰보는 게임을 한다. 일단 여러 악기의 소리를 악기 이름과 함께 차례로 들려준다. 한두 번만 듣고도 악기 이름을 알아맞힐 수 있으면 소리에 민감한 것으로 음악지능이 높다고 볼 수 있다. 요즘은 CD-롬으로 만들어진 백과사전에 다양한 악기 음이 들어 있다.

7 | 신체운동지능

몸의 움직임을 조절하는 능력을 말한다. 신체운동지능이 높으면 달리기나 축구 같은 운동을 잘하고, 춤을 배울 때도 금방 동작을 익힌다. 또 공이나 악기 같은 도구를 기술적으로 다루는 능력도 이에 해당한다. 대표적 인물로는 골프 황제 타이거 우즈, 프리미어리거 박지성 등이 있다.

신체운동지능이 높은 아이는 몸의 균형을 잘 잡고, 손으로 하는 일을 잘하며, 춤을 잘 춘다.

율동 따라 하기 : 간단한 민속놀이 그림이나 단순한 동작의 율동을 소개한 책을 보면서 아이와 함께 따라 해본다. 직접 배운 것이 아니라 눈으로 본 내용을 따라 하는 것이기 때문에 아이가 인지한 것을 자신의 신체로 얼마나 잘 표현하는지 파악하기가 쉽다. 이런 기회를 통해 아이의 신체운동지능을 확인할 수 있다.

손동작 놀이 : 노래에 손동작이 있는 곡을 선택하여 아이와 함께 손동작을 하면서 노래를 따라 부른다. 엄마들 대부분은 아마 어린 시절에 즐기던 '반달'(푸른 하늘 은하수 하얀 쪽배에~)이나 '매미'(숲 속에 매미가 노래를 하면 ~)와 같은 손동작 놀이를 기억할 것이다. 이때 주의할 것은 노래 부르기와 손동작을 동시에 해야 하는 것이다. 손동작은 기존에 배우지 않은 새로운 것일수록 아이의 신체운동지능을 파악하는 데 유리하다.

공놀이 : 집에 있는 축구공이나 작은 공을 신체 한 부분에 올려놓고 떨어뜨리지 않도록 주의하며 신체를 움직이게 해본다. 이 활동은 여러 신체 부위를 이용해서 할 수 있다. 적당한 공이 없다면 '물건 운반하기' 활동으로 대체해도 된다. 이때 손을 사용하지 않고 다른 신체 부위를 이용하여 물건을 운반해야 한다.

무언극 놀이 : 무언극이라는 말 그대로 아이가 말은 하지 않고 오직 몸짓과 표정만으로 자신이 하고 싶은 말을 전달해야 한다. 또는 짧은 이야기를 무언극으로 연기해볼 수도 있다. 이때 아이가 자신의 의사를 표현하는데 신체를 잘 활용하는지에 초점을 두고 관찰해야 한다. 만약 아이가 말이나 이야기를 무언극으로 표현하는 것을 어려워하지 않으며 오히려 이 놀이를 즐긴다면 신체운동지능이 높다고 볼 수 있다.

8 | 자연지능

주위를 둘러보면 유난히 동식물을 좋아하는 사람들을 볼 수 있다. 이들은 강아지의 종류와 특성을 잘 알고, 누가 가르쳐주지 않아도 잘 키운다. 또 식물을 좋아해서 꽃을 잘 키우는 사람도 있다. 이들은 모두 자연지능이 높은 사람들이다. 자연지능에는 자연뿐 아니라 자동차나 신발 같은 사물을 구별하는 능력도 포함된다. 자연지능이 높은 대표적인 인물로는 진화론을 주장한 다윈, 침팬지 연구가 제인 구달, 새 박사 윤무부 등이 있다.

자연지능이 높은 아이는 꽃이나 풀, 곤충, 동물에 관심이 많고, 모양이 비슷한 신발이나 자동차 등을 잘 구별한다.

자연물 그리기 : 야외 나들이에 다녀온 후, 아이가 나들이 중에 본 동물이나 식물을 기억을 되살려 그림으로 그려보게 한다. 더 많은 종류를 더 자세히 표현할수록 자연지능이 높다고 볼 수 있다. 이 활동은 자연현상에 대한 관심과 이해의 정도를 나타내며 관찰 능력이 높은지를 판단하는 좋은 자료가 된다.

사진 분류하기 : 엄마는 먼저 분류 칸이 있는 상자를 준비한다. 그리고 인터넷, 책, 신문 등에서 얻은 다양한 사진을 아이에게 제시한다. 이때 반드시 자연 세계만 담은 사진일 필요는 없다. 자연 세계에 속하지 않은 사진을 분류할 수 있는지도 아이의 관찰력을 확인하는 좋은 기준이 된다. 아이는 이 사진들을 살펴본 후, 분류 칸이 있는 상자에 사진을 정리한다. 이러한 활동은 각 자료 간의 규칙을 발견하고 분류하는 능력을 보여준다. 아이가 자신의 고유한 관찰 감각으로 물건을 분류했다면 정답으로 여긴다.

이 활동을 통해 아이의 관찰력, 유사성과 차이를 구분하는 능력, 자연 및 사물 세계에 대한 관심 정도를 파악할 수 있다.

더 나아가 엄마는 자연물을 속성에 따라 좀 더 구체적으로 분류한다. 몇 개의 그룹으로 분류하여 아이에게 각각의 그룹에 해당하는 동물이나 식물의 이름을 말해보도록 한다. 아이가 말하는 이름의 개수를 통해 자연지능을 확인할 수 있다.

동식물 이름 말하기 : 다음에 분류해놓은 각각의 그룹에 속하는 동물이나 식물의 이름을 말해보는 놀이를 해보자. 더 많은 종류를 더 자세히 말할수록 아이의 자연지능이 높은 것이다.

산에서 살아요. 먹을 수 있는 식물이에요.	가을철에 잎의 색이 변하지 않아요.	다른 곤충을 잡아먹고 사는 동물이에요.	사람들과 친해지기 어려운 동물이에요.

3 우리 아이의 지능 지도를 만들자

　이제 어느 정도 내 아이의 강점지능 윤곽이 드러났을 것이다. 혹시 언어지능과 논리수학지능이 높게 나타났다고 해서 다른 아이보다 학습 능력이 우세할 것이라고 단정 짓지 않기를 바란다. 반대로 그 외의 지능이 강점지능으로 나타났다고 해서 공부에 별 도움이 안 되는 것은 아닐까 하고 불안해할 필요도 없다.

　강점지능을 찾아내는 다중지능검사는 언어와 수리 능력을 측정하는 데 치우쳤던 IQ검사와는 평가의 대상과 관점이 완전히 다르다. 기존의 지능 검사들이 지금 이 시점에서 어떤 문제를 풀어낼 수 있는가 하는 '능력 검사'에 초점을 두었다면, 다중지능검사는 현재의 능력은 물론 선호나 민감성 여부를 측정하는 '흥미 검사'를 포함함으로써 미래의 발전 가능성까지 측정한다.

끝으로 이 책에 제공된 다중지능검사지로 평가하고 난 후 결과를 보는 방법에 대해 설명하고자 한다. 검사는 세 가지 지능군에 따라 각각의 강점 지능을 찾아낼 수 있도록 구성되었으며, 언어지능과 논리수학지능 중 높은 지능을 첫째 계열 선호별 강점지능, 인간친화지능과 자기성찰지능 중 높은 지능을 둘째 학습 유형별 강점지능, 셋째 공간지능, 음악지능, 신체 운동지능, 자연지능 중 높은 지능을 인지 양식별 강점지능으로 하여 세 개의 정점이 있는 다중지능 지도의 결과로 얻을 수 있다(특별히 우세한 지능이 없을 수도 있다. 조금 더 시간을 두고 무엇보다 아이가 가장 좋아하고 즐기는 부분이 어느 지능 분야인지 관찰해본다. 조금이라도 더 좋아지고 관심을 두는 분야가 강점지능이다). 이와 같이 드러난 세 가지 강점지능에 적합한 학습법으로 공부를 한다면 훨씬 긍정적인 결과를 얻을 수 있다.

초등학교 5학년 김 모 군의 예

검사 결과를 보면 김 모 군은 언어지능형, 인간친화지능형, 공간지능형이라고 볼 수 있다.

다중지능검사지 평가 결과

언어지능 6 논리수학지능 4 인간친화지능 4 자기성찰지능 3 공간지능 7
음악지능 3 신체운동지능 5 자연지능 4

생활 속에서 평가한 다중지능검사 결과

첫째 시작점. 논리수학지능보다 언어지능이 높은 편이다.

둘째 시작점. 혼자 있는 것보다 여럿이 함께하는 것을 좋아한다.

셋째 시작점. 음악적 정보 산출보다는 시각적 정보 산출에 익숙하고, 신체와 관련

된 내용을 즐긴다. 그림을 잘 그리고 만들기에 소질이 있다.

음악에 소질도 없고 민감하지도 않다

각종 운동을 즐긴다.

식물과 동물에 관심이 많지 않다.

지능 지도의 예

(한눈에 검사 결과를 알아볼 수 있도록 다음과 같이 그래프로 나타내보자.)

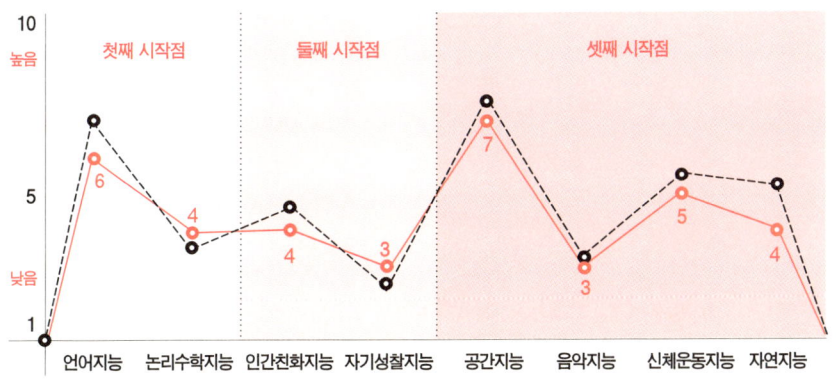

다중지능검사지 평가 결과 ------   생활 속에서 평가한 결과 ———

이제 우리 아이 지능 지도를 그려보자

지능 지도가 완성되면 이를 참고하여 내 아이에게 맞는 학습 방식을 찾아내고 활용하는 것이 부모의 과제이다. 아이의 강점지능이 무엇이냐에 따라 학습 구성원이 소그룹이 될 수도, 대그룹이 될 수도, 혼자가 될 수도

첫째아이

다중지능검사지 평가 결과 ------   생활 속에서 평가한 결과 ———

있으며, 수학 원리를 설명할 때도 동물을 예로 들거나 그림으로 그려서 보여줄 수도 있고 아니면 몸으로 표현할 수도 있다.

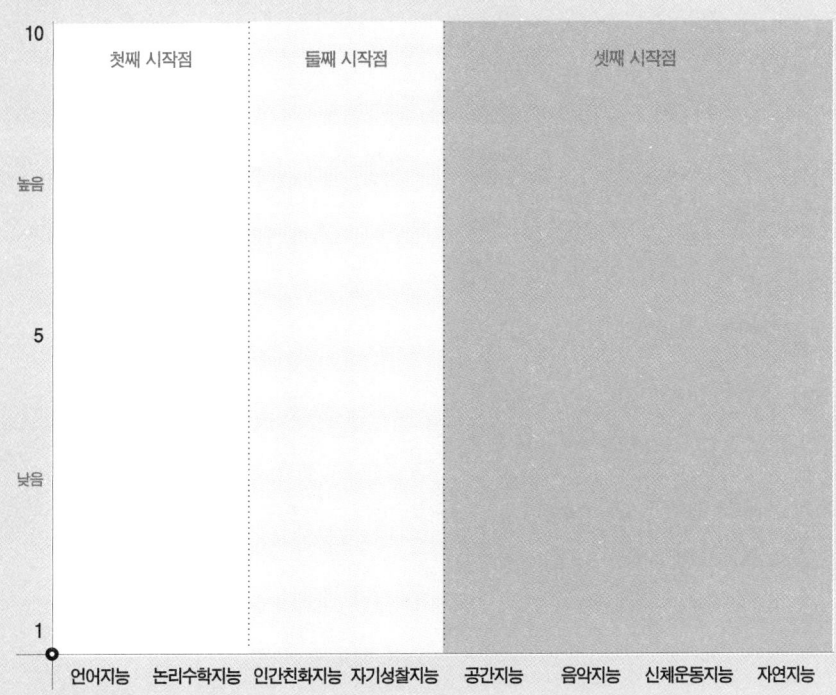

둘째아이

| | 첫째 시작점 | 둘째 시작점 | 셋째 시작점 |

10

높음

5

낮음

1

언어지능　논리수학지능　인간친화지능　자기성찰지능　공간지능　음악지능　신체운동지능　자연지능

다중지능검사지 평가 결과 ------　　　　생활 속에서 평가한 결과 ───

강 점 지 능 살 리 면
뜰 어 말 려 도 공 부 한 다

성적이 저절로
올라가는 강점지능
학습법

강점지능 학습법으로 달라진 아이들

사람은 누구나 자신이 잘하는 것에서 즐거움을 느끼게 마련이다. 자기가 좋아하고 흥미 있는 것을 마음껏 하라는데 마다할 아이는 없다. 공부도 마찬가지다. 강점지능을 활용한 학습법은 바로 그런 기적을 일으킨다.

다음의 사례는 다중지능 연구소의 교육심리학자들이 강점지능 활용의 효용성을 증명하기 위해 실시한 연구 결과의 일부를 정리한 것이다.

몰랐던 신체운동지능 개발하여 자신감 찾은 윤 모 군

윤 모 군은 운동을 좋아하기는 하나 뚱뚱해서 잘하지는 못했다. 특히 축구를 할 때는 친구들이 같은 편이 되기를 꺼려했다. 그런데도 검사 결과 이 아이의 신체운동지능은 매우 높게 나타났다.

아들의 강점지능을 살리기 위하여 부모가 택한 방법은 씨름이었고, 씨름은 이 아이에게 매우 적합한 선택이었다. 윤 모 군이 다니는 초등학교에는 씨름부가 없었다. 따라서 씨름부가 있는 이웃 학교로 전학을 했다. 그 결과 소년체전에서 상위권 수상을 하면서 자신감을 찾았다. 이렇게 찾은 자신감으로 학업 성적이 높아지기 시작하더니, 지금은 공부 재미에 빠져 오히려 씨름까지 그만두고 학업에 열중하고 있다. 강점지능을 활용해 자신감을 찾고, 그것이 학습으로 연결된 좋은 사례로 꼽힌다.

높은 자기성찰지능 활용해 스스로 공부법 찾은 박 모 군

박 모 양은 초등학교 5학년이다. 혼자 있는 것을 좋아하고, 학교에서 발표는 거의 하지 않지만 성적은 상위권에 든다. 집에서도 항상 말이 없다. 학교에서 일어난 일이나 친구들에 대해서도 말을 하지 않는다. 하지만 중요한 일, 또는 부모님이 알아야 할 내용은 부모님에게 빠뜨리지 않고 전한다. 대부분의 시간을 조용히 독서하거나 문제집 풀기, 숙제하기 등을 하며 혼자 보낸다. 일기를 잘 쓰는데 일기장을 보면 자신의 생각이나 느낌이 잘 표현되어 있다.

이 아이는 자기성찰지능이 높았다. 따라서 그 강점지능에 따라 편지글 형식의 대화기록장을 활용하게 했다. 대화기록장은 글로 풀어내는 아이의 강점을 활용하기 위한 방법이다. 또한 학습을 위해서 문제집과 풀이집을 함께 제시하는 방법을 사용하고, 풀이집에 자기만의 풀이 방식도 적어보게 했다. 스스로 해결하기를 좋아하는 이 아이는 학습이 더 즐거워졌고 학습에 자신감이 더 커지면서 평소보다 월등한 학업 성적을 올리게 되었다.

인간친화지능 높은 아이, 좋아하는 친구들과 함께 하면 공부도 즐거워

김 모 군은 초등학교 5학년이다. 친구들과 어울리기를 좋아하고 쾌활하며 사회성이 뛰어나 다른 반 아이들이 쉬는 시간에 많이 놀러 온다. 집에서도 항상 쾌활하게 생활한다. 과제는 공동 작업을 할 때 더 좋은 결과를 보이며, 운동도 검도나 태권도같이 혼자서 하는 운동보다는 축구, 농구 등을 더 좋아한다.

이 아이의 강점지능은 인간친화지능이다. 이 지능이 높은 경우 좋아하는 사람과 학습을 하면 학습 효과가 배로 높아지는 특징이 있다. 그러나 친구를 좋아하는 성격 때문에 친구들과 어울리다 학습 이외의 나쁜 습관에 젖기도 쉽다. 따라서 누구와 같이 공부하는지 알 수 없는 학원보다는 마음이 잘 통하는 친구 몇 명을 모아서 그룹 형태의 학습 지도를 하는 게 바람직하다. 이 아이의 인간친화지능을 활용하여 그룹 구성원 전체가 공부를 잘하는 것을 목표로 한 결과 좋은 학습 결과를 얻을 수 있었다.

공간지능 활용해 친구들에게 인기 많아지니 공부까지 재미있어져

그림 그리기를 좋아하는 한 모 군은 정식 미술 교육은 받지 않았지만 만화 그림을 잘 그렸다. 담임선생님은 부모님이 잘 신경 쓰지 못하는 이 아이의 강점지능을 바탕으로 학습 지도를 하기로 했다. 공간지능을 활용하여 부족한 부분을 메울 수 있도록 한 것이다.

우선 이 아이가 그림 그리기를 좋아한다는 특징을 살려서 교실 작품 전시대를 관리하도록 했다. 작품 전시대를 나름대로 실력을 발휘해 멋지게 꾸미게 하니 급우들 사이에 인기가 더 좋아졌다. 또한 꼼꼼한 성격을 활용하여 자기 주변 정리를 잘 못하는 친구와 짝이 되게 하여 짝의 주변 정리를 도와주도록 했다.

이렇게 형성된 친구들과의 긍정적인 관계를 바탕으로 부족한 학습을 친구들에게 도움받도록 했다. 인기가 많은 덕에 여러 친구들이 자원을 했고, 이는 자존감을 해치지 않고도 공부에 즐겁게 다가갈 수 있게 함으로써 결과적으로 학업 성적의 향상과 연결되었다.

Step 1

공부 재미에 빠뜨리는
지능별 학습법

아이의 강점지능에 따라 그에 알맞은 학습법이 있어서 모든 교과목에 활용할 수 있다면 분명 좋은 결과를 얻을 수 있을 것이다. 그러나 딱 내 아이에게 맞는 학습법을 처음부터 끝까지 모든 교과목과 단원을 통틀어 제시해줄 수는 없는 일! 여기에서는 각 강점지능에 맞는 일반적인 학습법과 그 활용 사례를 제시했다.

강점지능별 학습법 #1
계열 선호별 : 언어지능 vs 논리수학지능

강점지능별 학습법 #2
학습 유형별 : 인간친화지능 vs 자기성찰지능

강점지능별 학습법 #3
인지 양식별 : 공간지능 vs 음악지능 vs 신체운동지능 vs 자연지능

강점지능별 효과적 학습 형태 및 활용법

강점지능	주요 학습 형태	효과적인 학습 활용법
언어지능	읽기, 쓰기, 말하기, 듣기	이야기 꾸미기, 단어놀이, 토론하기, 외국어 말하기, 번역하기, 연설하기
논리수학지능	측정하기, 비판적으로 생각하기, 개념화하기	분류하기, 계산하기, 평가하기, 추리하기, 통계 자료 이용하기, 가설 세우기, 분석하기, 퍼즐, 숫자 게임, 수수께끼, 유사점·차이점 찾기, 인과관계, 연관성 찾기
인간친화지능	가르치기, 협력하기, 상호작용하기	봉사하기, 의사소통하기, 감정이입하기, 가르치기, 상담하기, 모집하기, 광고하기, 타인 평가하기, 협동하기
자기성찰지능	개인 생활과 관련짓기, 결정하고 선택하기	혼자 학습하기, 목표 설정하기, 결정 실행하기, 계획 세우기, 조직하기, 자기 이해하기, 미래계획 세우기
공간지능	보기, 그리기, 색칠하기, 마인드맵, 시각화하기	설계하기, 지도 그리기, 사진 찍기, 장식하기, 상상하기, 묘사하기, 그래프 그리기, 표 만들기, 마인드맵 하기
음악지능	노래하기, 랩 만들기, 듣기	노래 부르기, 악기 연주하기, 녹음하기, 작곡하기, 편곡하기, 개사하기, 음 구별하기, 음악 감상하기, 랩 만들기
신체운동지능	몸동작으로 나타내기, 춤으로 표현하기, 연극꾸미기	물건 나르기, 균형 잡기, 걷기, 달리기, 흉내 내기, 노래 부르기, 종이접기, 만들기, 연기하기, 춤추기
자연지능	관찰하기, 동식물 키우기, 여행하기	견학하기, 기록문 쓰기, 자연보호하기, 관찰하기, 관찰일지 쓰기, 사물 분류하기, 수집하기

언어지능이 높은 아이

언어지능이 높은 아이는 읽기, 쓰기, 말하기를 좋아한다. 새로운 낱말이나 어려운 낱말을 쉽게 배우며 이름이나 장소, 날짜, 그 밖의 하찮은 것이라도 잘 기억한다. 말을 또박또박 조리 있게 잘하고 말로 남을 웃기기도 한다. 낱말 맞히기 게임이나 끝말잇기놀이를 즐기고 글을 쉽게 쓴다.

언어지능이 높으면 잘하는 활동

낱말 게임(낱말 퍼즐, 낱말 맞히기, 말 이어가기)

이야기하기 : 이야기 꾸미기, 일어난 일 상상하기, 동화 구연

작문하기 : 시 · 일기 · 편지 쓰기, 글짓기, 문집 · 신문 제작, 말풍선 만들기, 묘사하기, 순서 맞추기

녹음하기, 브레인스토밍, 독서, 읽기, 문제 푸는 방법 설명하기, 쓰기, 설명서 작성하기, 책 만들기, 대화하기, 발표하기

언어지능 높은 아이 지도는 이렇게

1 | 이야기하기

학습에 이야기하기를 적용하고자 할 때는 가르치려는 기본 개념이나 아이디어, 목표가 잘 전달되도록 이야기를 만들어야 한다. 어떤 이야기를 꾸미려면 먼저 이야기 속에 포함시키고자 하는 모든 요소의 목록을 만든 후 상상력을 동원하여 등장인물, 줄거리를 잘 조합하여 이야기를 구성해야 한다. 물론 아이는 엄마가 창의성과 융통성을 발휘하여 가슴으로부터 우러나는 이야기를 할 때 더 감동을 받는다.

이렇게
해보세요!

4학년 1학기 과학에 나오는 '강낭콩' 단원을 이야기로 꾸며보자. 한 꼬투리에서 나온 강낭콩 형제 중 형은 양지바른 마당에 떨어지고, 동생은 그늘진 시멘트 바닥에 떨어졌다는 상황을 설정하고 이야기를 꾸며본다. 이야기를 전개하기 위해서 식물의 생장 조건을 탐구하다 보면 어렵던 과학 공부가 즐거워질 것이다.

2 │ 브레인스토밍

아이의 독창적인 생각을 끌어내는 데 아주 효과적인 방법으로 주제에 대해 아이가 자신의 생각과 의견을 떠오르는 대로 표현하게 한다.

과학을 어려워하는 4학년 아이에게 액체 하면 떠오르는 것을 자유롭게 말해보게 한다. 아이가 간장, 식초, 사이다, 주스 등을 말하면 먹을 수 있는 액체와 먹을 수 없는 액체, 먹을 수 있는 액체들의 맛 등을 이야기하도록 유도한다. 이 과정을 통해 아이는 자연스럽게 액체의 종류와 성질을 알게 된다.

주제와 관련이 있으면 마음에 떠오르는 것을 모두 수용해야 하고, 어떤 생각도 유치하다고 무시하거나 비판해서는 안 된다. 따라서 이 방법은 아이 각자의 독창적인 생각을 인정받게 하는 좋은 기회를 마련해준다.

3 │ 녹음하기

듣기와 말하기 등 언어 소통 기술을 연마하는 데 녹음하기는 아주 유용하다. 뿐만 아니라 문제 해결이나 내적 감정을 효과적으로 표현하는 데도 도움이 된다. 또한 녹음기는 정보 수집가와 정보 전달자의 역할도 수행할 수 있다. 동시에 아이는 녹음기를 이용하여 작문 기술을 향상시킬 수 있는데, 이는 어떤 주제에 관해 아무 부담 없이 편안한 자세에서 말하는 내용을 녹음한 후 스스로 점검할 수 있기 때문이다.

4 | 일기 쓰기

일지 쓰기는 수학, 과학, 국어뿐만 아니라 어느 교과목에서도 사용할 수 있다. 일기는 아이 자신만을 위해 기록할 수도 있고, 엄마에게 보여주려고 쓸 수도 있다.

이렇게 해보세요! 수학을 어려워하는 4학년 아이라면 엄마와 함께 장을 보고 일기를 써보게 하자. "500원짜리 컵라면 3개, 1000원짜리 과자 2개, 1만 5000천원짜리 화장품 2개를 샀으니 $(500 \times 3) + (1000 \times 2) + (15000 \times 2) = 33500$원" 하는 식으로 일기를 쓰다 보면 좀 더 쉽게 곱셈, 덧셈을 익힐 수 있다.

5 | 책으로 만들기

글쓰기는 타인에게 자기의 생각을 전달하고 영향력을 행사할 수 있는 강력한 도구이다. 아이에게 자신의 글을 출판하여 배부할 기회를 준다면 이와 같은 사실을 더욱 부각시킬 수 있다. 아이가 쓴 글을 모아 출판하는 것은 아이에게 새로운 흥미를 부여한다. 이야기하기 수업에 함께 활용하면 효과적이다.

이렇게
해보세요!

4학년에 올라가면서 갑자기 사회가 어려워졌다고 호소하는 아이가 많다. 단원의 흐름에 대한 이해가 빈약한 상태에서 내용을 접하다 보니 모두 암기할 것으로 느껴지는 탓이다. 이런 경우 '우리나라의 세계문화유산'이나 '우리 조상들의 민속놀이'라는 제목으로 아이만의 작은 책을 만들어보게 하자. 관련된 그림이나 사진도 넣고, 표지도 예쁘게 만들도록 한다. 그냥 무조건 암기하는 것보다 훨씬 쉽고 알차게 내용을 이해하게 될 것이다.

6 | 신문 활용하기 NIE

매일 새로운 내용이 실리는 신문은 살아 있는 교과서다. 새로운 기사 내용과 신문 구성의 다양함을 활용하여 재미있고 유익하고 생생한 학습을 할 수 있다. 성적을 올리고 싶은 교과와 관련된 적절한 정보들을 오려 놓았다가 이를 종합하여 말이나 글로 요약할 수 있다면 해당 교과 공부가 한층 즐거워질 것이다.

학습 영역별 NIE 적용법의 예(NIE 이해와 활용 2003 참조)

언어

• 이야기 듣고 이해하기 : 짧은 기사를 읽어주고 기사의 내용을 그대로 말하게 한다
  기사를 읽어주고 내용에 대한 질문을 한다
• 말하기 : 신문의 사진이 말하는 내용이 무엇인지 상상하여 말하기

신문의 기사를 읽어주고 누가 한 일인지 말하기

스포츠 주인공의 이름, 운동의 종류 말하기

신문 기사를 읽고 자신의 느낀 점, 생각나는 점 말하기

- 읽기, 쓰기 : 신문의 광고, 사진 등을 본 후 느낀점, 생각나는 점 쓰기

신문에서 관심 있는 기사를 찾아 오려 붙인 후 느낀 점, 생각나는 점 쓰기(관심 일기 쓰기)

만화 속 말 주머니를 비운 후 나만의 만화 만들기

사진의 표정이나 동작을 보고 사진의 인물이 어떤 생각을 하는지 써본다.

신문기사를 읽고 자신이 기사 속 주인공이 되어 생각을 써보기

신문 단어 오려 끝말 잇기, 짧은 글짓기

사회

- 신문이나 전단지의 상품 오려 시장놀이 하기 : 전체 비용 알아보기, 사고 싶은 것, 꼭 필요한 것 등에 대해 생각해보기
- 신문에서 인물 사진 오려 붙인 후 직업 알아보기
- 자신에게 관심 있는 물건, 운동, 연예인 등을 찾아보고 이유 쓰기
- 가족과 닮은 사진 오려 붙이고 가족 소개하기
- 최근 사람들이 가장 관심 있어 하는 분야 찾아보기(새만금 간척사업, 대통령 선거, 통일 문제. 월드컵 등)

과학

- 신문에서 사람 몸을 오려붙인 후 각 부위별 하는 일 알아보기
- 계절 별, 날씨별, 생활의 변화 찾아보기 : 더운 날씨의 옷차림을 찾아보고 옷감의 특징 등에 대해서도 알아본다.

- 신문에서 오늘의 날씨를 알아보고 기압, 일교차, 풍향계, 강수량 등에 대해 알아본다.
- 과학 관련 기사 읽고 느낀 점 , 생각나는 점 쓰기

수학
- 여러가지 사물의 다른 점과 같은 점 살펴보기
- 냉장고와 자동차 사진을 오려 붙이고 같은 점과 다른 점 찾아보기
- 신문에서 측정과 관련된 단위를 찾아보기
- 일상 생활에서 일어나는 일의 순서를 알아보기
- 큰 자리 수의 숫자 찾아 읽기, 계산하기
- 신문에 끼여 오는 상품 홍보지를 이용하여 1만원으로 장보기, 예산 짜기, 필요한 것의 값 알아보기

7 | 동시 활용 총체적 언어 교육

듣기, 말하기, 읽기, 쓰기, 문학 관련 교과 활동 영역으로 구성된 동시를 통한 총체적 언어 교육 프로그램. 학습 과제에 맞는 동시를 읽고, 듣고, 쓰고, 찾으면서 동시의 함축성 · 운율을 통해 학습의 이해를 도모한다.

8 | 영화를 이용한 영어 교육

영어를 사용하는 사실적인 대화 장면을 보면서 문화적 배경을 쉽게 익힐 수 있다. 하나의 완성된 이야기로 내용과 표현을 오래도록 기억할 수 있다.

9 │ 게임을 통한 한자 교육

만화 속 한자 맞히기, 한자 카드 이용하기, 고사성어 맞히기, 퍼즐을 이용한 한자 읽기와 쓰기 등 다양한 형식의 한자 게임을 통한 읽기와 쓰기를 한다.

 한자가 지시하는 대로 길을 찾은 다음, 지나온 길의 모양을 숫자로 대답하라.

		입구		
下	下	左	左	下
上	下	上	右	下
左	右	右	下	右
上	左	右	下	上
上	下	左	左	上
	출구			

출처 : 『퀴즈 천자문 1』(아울북)

논리수학지능이 높은 아이

논리수학지능이 높은 아이는 실험하기를 좋아하고, 뭔가 항상 밝혀내고자 하는 노력이 보이며, 수와 관련된 내용에는 귀와 눈이 번쩍 뜨인다. 질문을 많이 하며 어떤 유형과 관계를 밝혀내는 데 뛰어나다. 수학에 흥미를 가지며 논리적으로 생각하고, 문제 해결에서도 근거와 원리를 찾아 해결하려 한다. 분류를 한다든지, 그룹을 짓는다든지, 추상적인 유형이나 관계를 통해 가장 많이 배운다.

논리수학지능은 전반적으로 추리력에 관한 것으로, 사실상 인간 내부에서 작용하여 논리적 정보나 자료를 분류하는 능력이라고 할 수 있다. 예를 들면 과학적 가정의 추론, 컴퓨터 프로그램의 논리적 전개, 사회적 경향의 원인과 효과 분석, 원소의 유형 파악 등이 이에 해당한다.

> **논리수학지능이 높으면 잘하는 활동**
> 퍼즐, 문제 풀기, 과학 실험, 암산, 수 게임, 비판적 사고, 학습 내용에 나오는 숫자 계산하기, 분류하기, 소크라테스식 문답법 활용하기, 문제의 해법 추정하기, 과학적으로 사고하기, 조사, 자료 해석, 인과관계 분석, 도표 작성, 문학 작품의 유사점·차이점 분석, 이야기에 대한 미래 유추, 순서대로 배열하기, 수수께끼, 참·거짓 알아맞히기, 추측하기, 연관성 찾기, 예견하기

논리수학지능이 높은 아이 지도는 이렇게

논리수학지능이 높은 아이는 무엇이든 개념적으로 명확하고 분명한 것을 좋아한다. 따라서 규칙과 질서를 좋아하는 경향이 있다.

1 | 계산과 수량화

문학 작품 속에 나타나는 숫자적인 표현, 즉 날짜라든가 나이, 시간, 키, 몸무게와 같은 항목을 부각시켜 그에 관한 활동을 할 수 있는 여건을 마련함으로써 수학적인 사고력이 높은 아이의 관심을 끌 수 있다.

이렇게 해보세요! 사회의 경우, 서울에서 1000년 전, 500년 전, 100년 전에 각각 어떤 일이 일어났는지 알아본다거나, 산의 높이를 기준으로 1, 2, 3, 4위를 매겨보는 식으로 숫자와 관련시키도록 한다.

2 | 분류와 범주화

비슷한 것, 다른 것을 논리적 관계나 시간을 기준으로 분류하여 그룹으로 묶는 것이다. 이것은 여러 가지 정보를 시간 순서 및 인과관계로 체계화하여 좀 더 쉽게 기억하거나 생각할 수 있도록 해주는 이점이 있다. 학습과 관련하여 자료와 어휘를 특정 요소를 중심으로 분류한다든지 스무고개나 수수께끼 등을 통해 추

측 활동을 하게 함으로써 논리적 사고가 뛰어난 아이를 학습에 효과적으로 참여시킬 수 있다.

5학년 사회에 나오는 여러 가지 산업의 경우 자연환경, 입지 조건, 기계 사용 여부 등 여러 기준에 따라 다양한 범주로 분류해볼 수 있다.

3 | 소크라테스식 문답법

엄마가 일방적으로 가르치기만 하는 것이 아니라 아이와의 대화를 통해, 특히 질문을 통해 아이가 자신의 생각이나 의견을 논리적으로 전개해 갈 수 있는 능력을 키울 수 있다.

소크라테스가 제자들과 했던 것처럼 엄마는 아이와의 대화를 통해 아이 자신의 신념이 옳은지 틀린지를 스스로 판단하도록 일깨워줄 수 있다. 엄마가 아이에게 자신의 생각을 논리적으로 전개하여 대답할 수 있는 질문들을 함으로써 논리적 영역에 재능이 있는 아이를 말하기 활동에 끌어들일 수 있다.

4 | 논리적 문제 해결법

논리적 문제 해결법은 아이에게 비유나 유추 같은 '논리적 지도(logical map)'를 제공하여 처음 보는 낯선 문제의 해결 방법을 쉽게 찾아낼 수 있게 도와준다. 논리적 문제 해결법의 예로는 해결하려는 문제에 대해 비유나 유추하기, 문제를 여러 부분으로 나누기, 문제에 대한 가능한 해결책을 하위 목표로 단계적으로 제기하고 그 해결을 역방향으로 진행하기, 자신의 문제와 관련된 문제를 발견하여 해결하기 등을 들 수 있다.

이렇게 해보세요! 5학년 사회에 나오는 '돈의 역사'를 논리적 문제해결법으로 학습해보자. 먼저 옛날부터 사용되어온 돈의 재료·모양을 비교해보고, 왜 그런 재료로, 그런 모양으로 만들었는지 알아보자. 그리고 각 돈의 장단점을 비교해본 다음 아이에게 미래 사회의 돈을 만들어보게 하자.

2

인간친화지능이 높은 아이

인간친화지능이 높은 아이는 많은 친구들을 거느리며 사람들에게 말을 잘하고 그룹 활동에 잘 참여한다. 남을 잘 이해하고 이끌어가며, 그룹을 조직하거나 그룹 간에 발생한 문제에 대해 중재, 조정하는 일을 잘한다. 다른 학습자들과 함께 공유하면서 잘 배우고 비교 또는 연계시키거나 협동과 대화를 통해 잘 배운다.

인간친화지능이 높으면 잘하는 활동

함께 공부하는 팀 꾸리기, 공동체 참여하기, 사회적 모임 만들기, 짝 활동, 집단 브레인스토밍, 집단 문제 해결, 프로젝트, 보드 게임, 동료와 공유하기, 학습 내용을 사람 조각으로 만들기, 시뮬레이션, 인터뷰, 춤동작 설명, 사람들의 감정과 생각 공유하기, 역사적 사건의 영향력 토론하기

인간친화지능이 높은 아이 지도는 이렇게

인간친화지능형 아이는 다른 아이와의 상호작용을 중요시한다. 가장 효과적인 학습 방법은 여럿이 함께 하는 형태이다.

1 | 또래와 함께 공유하기

한마디로 친구와 함께 공부하는 것을 말한다. 친구들과 함께 생각하고 공부함으로써 아이는 이미 가지고 있는 지식을 스스로 활용해볼 수 있는 기회를 가질 수 있다.

4학년 1학기 과학의 3단원 '전구에 불 켜기'를 이 방식으로 공부해보자. 먼저 친구들과 함께 집에서 사용하는 전자제품에 대해 자유롭게 말한다. 그리고 이 전자제품들을 여러 가지 기준, 즉 콘센트에 연결해서 사용하는 제품과 배터리를 넣어 사용하는 제품, 열을 내는 제품과 움직이게 하는 제품 등으로 나눠본다. 또 전자제품이 없었던 옛날에는 누가 그 일을 했는지 말해본다. 이런 과정을 통해 아이들은 전자제품의 종류·쓰임새·장단점 등을 알 수 있다.

2 | 사람 조각

　사람 조각(people sculpture)이란 아이들이 여러 가지 조각 형태로 모여 어떤 생각, 개념, 혹은 어떤 학습 목표를 집단적으로 표현하는 것을 말한다. 예를 들어 영어 시간에 아이 자신이 특정한 알파벳이 되어 단어를 구성할 수도 있고, 하나의 단어가 되어 문장을 구성할 수도 있다.

이렇게 해보세요! 4학년 1학기 과학 6단원(72~73쪽)에서 아이들이 햇빛, 씨앗, 뿌리, 잎 등의 역할을 맡아 역할놀이를 하는 것이 이에 해당한다.

3 | 협동 집단

　아이에게 맞는 소집단을 구성하여 공동의 목표를 달성하도록 해주는 것이 다중지능에서 중시하는 핵심 요소다. 협동 집단의 아이들은 어떤 주제에 관해 공동으로 글을 쓸 수 있는데, 이때 각 구성원은 여러 가지 방식으로 책임을 분담할 수 있다. 어떤 사람은 서론을, 어떤 사람은 본론을, 또 어떤 사람은 결론을 말할 수 있다.

이렇게 해보세요! 5학년 1학기 사회에 나오는 '우리나라의 인구 문제'를 글감으로 글을 써보자. 먼저 서론, 본론, 결론을 쓸 사람을 정하고 친구들과 함께 우리나라의 인구 문제에 대해 자유롭게 이야기를 나눈다. 그런 다음 서론을 맡을 사람은 왜 우리나라 사람들이 인구 문제에 관심을 기울여야 하는지 정리하고, 본론을 맡은 사람은 인구 문제가 어떻게 나타나고 있는지 정리한다. 그리고 결론을 맡은 사람은 이를 토대로 우리나라 인구 문제의 해결책을 정리한 다음, 각자 글을 써서 모은다.

4 | 보드 게임

보드 게임은 컴퓨터 게임과 달리 반드시 다른 사람과 함께 해야 한다. 아이들은 게임을 즐기면서 다른 사람과 함께 학습도 할 수 있다. 학습해야 할 지식과 정보를 보드 위에 제시해놓음으로써 게임과 동시에 학습해야 할 지식을 자연스럽게 습득할 수 있다.

보드 게임의 수준에 따라 아이들은 단순히 잡담하거나 웃고 즐기는 데 그칠 수도 있고, 고차원적인 원리나 기술을 학습할 수도 있으므로 게임을 계획할 때는 신중을 기해야 한다. 게임의 주제는 수학적 원리나 열대우림지에 관한 자료, 역사적 사실에 대한 질문에 이르기까지 다양하게 정할 수 있다.

이렇게 해보세요! 카드놀이로 4학년 2학기 수학에 나오는 분수를 공부해보자. 먼저 1~9까지 쓰여 있는 카드를 네 벌 준비한다. 두 사람이 각자 두 벌씩 카드를 나눠 가진 다음, 한 사람이 카드로 기약분수를 만들면 다른 사람은 그 분수의 배수를 만든다. 기약분수나 배수를 바르게 만들지 못한 사람이 게임에서 지는 것이다.

자기성찰지능이 높은 아이

　　자기성찰 지능이 높은 아이는 혼자서 조용히 공부하기를 좋아하고 자신의 관심사를 추구하기를 즐긴다. 자기 자신을 누구보다도 잘 알고 있으며, 자신의 감정이나 꿈에 초점을 맞추어 생활한다. 본능적인 감각에 잘 따르고 자신의 목표와 관심사를 끝까지 밀고 나가려 하며, 남을 모방하기보다는 자신의 생각을 많이 따른다. 이런 아이들은 혼자 있을 때 더 공부를 잘하며, 개별화된 프로젝트나 자기 학습 속도에 맞는 수업, 혼자만이 즐길 수 있는 공간을 제공했을 때 학습 효과가 높다.

　　자기성찰지능은 "자신을 알라"라는 메시지로 표현할 수 있다. 이 지능을 활용하면 반성적 사고의 과정을 통해 자신의 상황을 긍정적인 방향으로 새롭게 변화시킬 수 있다.

자기성찰지능이 높으면 잘하는 활동

스스로 학습 계획 세우기, 자신에게 맞는 학습 자료 선택하기, 자신이 할 수 있는 일과 할 수 없는 일 찾아내기, 좋아하는 일과 좋아하지 않는 일 구분하기, 활동 선택하기, 명상하기, 자신에 대한 시 창작하기, 역사적 인물이 되어 글쓰기, 자신을 등장인물이라고 상상하기, 개별 학습, 일기 쓰기, 자기 평가하기, 결심 실행하기, 목적 설정하기, 목표 달성하기, 자기 생각과 감정 표현하기, 조직하기, 내면 들여다보기, 자기 이해하기, 개인 생활과 관련짓기, 자서전 쓰기

이 지능을 대표하는 활동의 예는 일기 · 여행일지 · 메모 쓰기 등이며 자기 반성, 자아 인식, 자기 평가가 전형적인 태도이다.

자기성찰지능이 높은 아이 지도는 이렇게

자기성찰지능이 발달한 아이는 지나친 사회적 분위기를 싫어할 수도 있다. 따라서 엄마는 아이가 혼자 지낼 수 있는 시간을 마련해주어 개인적 삶을 추구하고 자기 발전을 기할 수 있도록 배려해야 한다.

1 │ 1분 반성 시간

반성 시간은 아이에게 제시된 정보를 소화하거나, 일상생활의 문제와 연관시킬 수 있는 시간을 갖게 한다. 또한 일의 진행 속도를 새롭게 조정하여 다른 활동을 잘 준비할 수 있도록 한다. 반성 시간은 하루 중 언제라도 되지만 아이가 도전할 만하거나 학습할 내용의 핵심적인 정보를 제공한 후에 가지면 특히 효과적이다.

2 │ 자기와 관련된 연관성 찾기

아이의 개인적 희망, 감정 혹은 경험을 수업과 결합시키는 것이다. 학교생활을 통해서 특히 개인적 성향이 강한 아이에게 나타나는 커다란 의문은 '이 공부가 도대체 나의 인생과 무슨 상관이 있는가?' 하는 것이다. 이때 엄마는 가르치는 내용을 아이의 인생과 지속적으로 연관시켜 이 질문에 아이가 스스로 답할 수 있도록 도와주어야 한다.

이렇게
해보세요! 수학을 왜 공부해야 하느냐고 묻는 아이에게는 실생활에서 수학이 어떻게 쓰이는지 몇 가지 예를 들어 알려준다. 어떤 사람이 회사 일로 급하게 부산의 어느 장소에 가게 되었다고 하자. 가장 빨리 그 장소에 도착하는 방법을 알려면 먼저 서울에서 목적지까지의 거리를 알아보고 가능한 교통수단의 속력을 비교해야 한다. 여기에 도로 상황까지 고려할 경우 시속, 즉 '거리/시간'라는 개념을 알고 계산할 수 있으면 가장 빠른 길을 선택할 수 있다.

또 수학을 잘하면 물건을 살 때 이익을 볼 수 있다는 점도 알려주자. 마트에서 장을 볼 때 지름이 20cm인 수박이 5000원이고, 지름이 40cm인 수박이 1만 원이라고 할 때, 수학을 잘 모르는 사람은 수박 크기와 가격의 비가 1:2=1:2이므로 어느 것을 사도 괜찮다고 생각할 것이다. 그러나 수학을 잘하는 사람은 수박의 부피는 반지름의 세제곱×3.14×$\frac{4}{3}$라는 것을 알기 때문에 두 수박의 부피의 비율은 1:2가 아니라 1:8이므로 1만 원짜리 수박을 사는 것이 훨씬 유리하다는 것을 알게 된다.

3 | 시간을 선택하기

아이에게 자신의 학습 경험을 스스로 결정할 수 있는 기회를 제공하는 것이다. 과제를 주었을 때 바로 도움을 주거나 지도하기보다 아이가 먼저 스스로 해결해볼 기회를 갖게 하는 것이다. 혼자서 교과에 제시된 문제를 해결하는 것 등이 이에 해당된다.

4 | 감정 이입하기

아이를 가르칠 때는 이성적으로 차분하게 지도할 필요가 있다. 그러나 인간에게는 '정서적 뇌'가 있으므로 이 정서적 뇌를 길러주기 위해서 때때로 감정 이입할 수 있는 방법으로 가르치는 것이 효과적일 수 있다.

5학년 사회에서 무역에 대해 공부할 때 수출용 축구공을 만드는 인도 아이들에 관한 기사를 읽어주자.

뉴델리에서 북쪽으로 80㎞ 떨어진 케르키 마을에 사는 우마(8세, 여)는 축구를 해본 적이 없고 월드컵이 뭔지도 모른다. 이 가냘픈 여자 아이는 그러면서도 하루의 대부분을 축구공을 만드는 데 보낸다. 그런 우마 옆에는 엄마와 언니, 여동생이 함께 쪼그리고 앉아 같은 일을 하고 있다. 나무 밑의 그늘에서 엉성한 침대에 걸터앉아 있지만 기온은 무려 45℃.

이 마을 주민 600여 명에게는 축구공 만들기가 사실상 본업이다. 축구공 하나를 만들려면 총 32개의 가죽을 한 땀 한 땀 손으로 기워야 한다. 어린 우마가 공을 하나 만드는 데는 다른 가족보다 다소 긴 4시간이 걸린다. 온 가족이 매달려 만들어내는 공은 하루에 10개 정도. 그래야 한 달 수입은 고작 20달러(공 1개에 6센트)다.

인도에서 이런 일로 생계를 이어가는 어린이는 1만여 명이다. 파키스탄에 이어 세계 두 번째다.

월드컵의 해를 맞아 축구공 수요가 급증한 가운데 파키스탄의 수출 허브인 시알콧이 가장 많은 수주를 했지만 케르키와 인근 시슬라 마을 등 인도에도 주문량이 많이 늘었다고 한다.

AP 통신은 이들 어린이가 축구공을 만드는데 유년을 빼앗기고 있으며, 장기간 바느질을 하느라 시력이 크게 손상될 우려가 있다고 고발했다.

바느질을 하거나 가죽을 자르면서 다쳐도 보험 적용을 받지 못하는 등 노동 환경은 극도로 열악하다.

(출처 : 연합뉴스. 2006년 7월 15일자)

5 | 목표 설정하기

자기성찰지능이 발달한 아이의 특징 중 하나는 현실적인 목표를 설정할 수 있는 능력이 있다는 것이다. 엄마는 아이가 자신의 목표를 설정할 기회를 제공함으로써 자신의 학습과 관련된, 또는 인생 전반에 대해 목표를 세우고 준비할 수 있도록 해야 한다. 목표는 지금 배우고 있는 교과의 성적일 수도 있고, 인생 목표일 수도 있다. 아이가 가급적 매일 다양한 방법으로 어떤 목표를 스스로 세우도록 하는 것은 매우 중요하다. 예를 들어 영어 학습의 경우 영어로 학습 계획을 짜본다거나, 자신의 하루 일정을 작성해보게 하는 활동이 여기에 포함된다.

3

공간지능이 높은 아이

공간지능이 높은 아이는 그림 그리기, 모형 만들기, 디자인하기 등 꾸미고 만들기를 잘한다. 물체를 한 번만 보고도 비슷하게 그려내거나 쉽게 모형을 만들어내는 능력이 뛰어나다. 그림 감상, 영화 보기, 기계 다루기 등을 좋아한다. 뭔가 상상해내기를 잘하고 변화를 쉽게 찾아내고, 미로 찾기와 낱말 맞히기, 지도나 도표 읽기 등을 잘한다. 시각화 또는 상상을 통해 잘 배우고 색깔이나 그림을 활용했을 때 학습 효과가 높다.

공간적 지능은 눈에 보이는 모든 형상과 마음속의 심상(心象)에 이르기까지 형태나 이미지와 관련된다. 이 지능은 사진, 슬라이드, 영화, 그림에 민감하게 반응하는 능력과 관련되며, 비유와 기억을 통해서 보는 마음의 눈이라고 할 수 있다. 디자이너, 건축가, 공학도, 기술자, 컴퓨터 프로그래머, 정치 풍자 만화가 등은 물질적 환경을 상징적으로 표현하거나 응용하는 데 뛰어난 사람들이다.

공간지능이 높으면 잘하는 활동

시각적 제시, 미술 활동, 시각적 상상 게임, 학습 내용 그리기, 그래프 또는 심상으로 그리기, 학습 자료에 색칠하여 요소 구분하기, 아이디어 그리기, 사진 에세이, 비디오테이프, 콜라주, 모빌, 예술 작품, 벽화, 시화, 포스터, 진흙 지도, 길 찾는 능력, 이야기 단계 그림, 시각적 다이어그램, 도표 · 표 · 그림 · 사진 등 시각 자료, 마인드맵, 만화 그림 이야기, 상상하기, 지도 읽기, 시각적 퍼즐

공간지능이 높은 아이 지도는 이렇게

오늘날 학교에서 지식과 정보를 전달하는 데 사용하는 주된 방법은 언어적 형태다. 그러나 인간의 주된 인지 활동인 생각하기는 주로 심상의 영역에서 이루어진다. 따라서 시각을 이용한 교육의 효용성은 모든 아이들에게 유효하다.

1 | 시각화

아이가 책이나 학습 자료를 그림이나 영상으로 바꿔볼 수 있게 도와주는 가장 쉬운 방법은 눈을 감고 마음속에서 영상, 즉 심상을 그려보게 하는 것이다. 아이에게 '마음의 칠판'을 그리게 한 후 이 칠판에 철자, 수학

공식, 역사적 사실과 같이 기억할 필요가 있는 학습 자료를 기록하게 한다. 엄마가 아이에게 어떤 정보를 재생하라고 하면 아이는 마음속의 칠판을 상기하면서 그 위에 쓰여 있는 자료를 떠올리게 되는 것이다.

2 | 색깔 단서

공간지능이 아주 높은 아이는 색깔에 민감할 수 있다. 엄마가 아이를 지도할 때, 또는 아이 스스로 공부할 때 다양한 색깔을 사용하는 것이 학습에 도움이 된다.

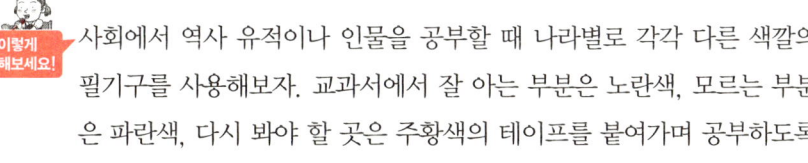

사회에서 역사 유적이나 인물을 공부할 때 나라별로 각각 다른 색깔의 필기구를 사용해보자. 교과서에서 잘 아는 부분은 노란색, 모르는 부분은 파란색, 다시 봐야 할 곳은 주황색의 테이프를 붙여가며 공부하도록 한다.

3 | 그림 은유

은유는 어떤 사물이나 생각을 다른 것에 비유해서 말하는 것으로, 그림 은유는 이것을 시각적 이미지로 나타내는 것이다. 발달심리학자들에 따르면 어린아이는 은유의 대가라고 알려져 있다(Gardner, 1998).

어린 아이의 마음과 노인의 마음을 그림으로 나타내보게 한다. 먼저 어린아이는 주로 어떤 생각을 하는지, 노인은 무슨 생각을 하는지 생각해 본 다음, 이를 그림으로 그려보게 한다.

4 | 아이디어 그리기

다윈이나 에디슨 같은 유명한 인물들의 노트를 보면 간단한 그림을 이용하여 주요 아이디어를 개발했음을 알 수 있다. 아이가 학습 내용의 핵심·요점·주제 등을 간단한 그림으로 표현해보도록 한다. 예를 들어 핵심개념에 대해 '빨리 그림으로 그려 알아맞히기' 게임을 한다든지 아이에게 어떤 주제나 개념을 간단한 그림으로 그리게 한 후 그에 대해 설명하게 한다. 이때 그림을 평가해서는 안 되며, 엄마는 그림을 통해 아이의 이해 정도를 파악할 수 있다.

5 | 상징적 그림

학습 내용의 한 부분을 그림으로 묘사하는 기법이다. 엄마가 종이에 학습 내용을 그림으로 제시하는 것은 특히 공간지능이 높은 아이에게는 큰 도움을 줄 수 있다. 따라서 지도할 때 언어적 표현 방식 외에 그림과 상징적 도표를 같이 사용하면 학습 효과를 높일 수 있다. 이때 그림의 수준이 반드시 훌륭해야 하는 것은 아니며 대략 그린 상징적 그림으로도 충분하다.

이렇게 해보세요!

$\frac{2}{3} \times \frac{2}{3}$ 의 경우 분모는 분모끼리, 분자는 분자끼리 곱하는 것이라고 가르치기 전에 오른쪽과 같이 그림을 그려 가르치는 것이 좋다. $\frac{2}{3}$ 는 전체(1)를 3으로 나눈 것의 두 배를 뜻한다. 이를 그림으로 나타내면 오른쪽과 같다.

$\frac{2}{3} \times \frac{2}{3}$는 이것을 다시 3으로 나눈 것의 두 배다. 이를 그림으로 나타내면 오른쪽과 같다.

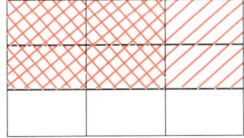

6 | 마인드맵

학습할 내용이나 글쓰기 주제를 중심 이미지로 하여 생각의 지도를 그려나가듯 정리하는 학습 방법이다. 중심 이미지에서 가지가 뻗어나가는 듯한 연결 구조를 주요 규칙으로 사용한다. 생각의 핵심이 되는 주제는 항상 중심 이미지에서 시작한다. 이때 명심할 것은 마인드맵의 구조를 갖추었다 해도 내용이 중심 이미지와 연결성이 없으면 마인드맵이 될 수 없다.

마인드맵 활용법

❶ A3용지나 그보다 큰 백지를 준비한다.

백지는 두뇌의 표현능력을 자유롭게 표현하는데 도움이 된다. 반면, 줄이 있는 종이는 생각을 펼치는 데 제한을 가한다.

❷ 백지 표면의 전체 공간을 풍경화를 그릴 때처럼 자유롭게 사용한다.

❸ 지면의 중심에서 시작하고 종이는 가로로 길게 펼쳐놓는다. 이것은 우리 정신세계의 중심으로부터 생각이 시작된다고 보기 때문이다.

❹ 쓰거나 생각하려 하는 주제에 대한 핵심 이미지를 정한다. 이것은 연상의 기초로서 생각의 초점을 맞추고 재미를 더해주며 기억을 더 잘 할 수 있게 해 준다

❺ 주된 이미지와 연관된 핵심단어는 책의 각 장과 유사하다. 가령 '통일 정책'에 대해 글을 쓴다고 가정해보자. 핵심단어의 하나는 '정치'가

될 수 있을 것이다. 주된 테마는 주요 가지 위에 쓰여 지고, 핵심 이미지와 연결되어 서로간의 관련성을 나타내 준다.

❻ 다른 장의 제목을 상상하여 나머지 주 테마의 가지를 만들어 본다. 자신이 표현하고자 하는 모든 주제를 명확히 표시함으로써 다음에 오게 될 아이디어를 유도할 수 있다.

❼ 두 번째 단계의 생각을 해본다. 이 단어들과 이미지들은 주 가지와 연결되어야 한다.

❽ 이어서 세 번째, 네 번째 단어들과 이미지를 계속 만들어나간다.

❾ 자신의 마인드맵에 새로운 차원의 요소들을 활용해 본다. 단어나 이미지에 상자를 만들거나 명암을 넣어본다

❿ 마인드맵의 가지를 분리하기 위해 각 다른 색으로 테두리를 표시한다.

⓫ 마인드맵을 하는 과정을 즐기도록 한다. 우리 두뇌는 마인드맵을 하는 과정에서 해당 주제에 대해 흥미를 느끼게 되고 의미 형성이 잘 될 것이다. 이 효과를 더 높일 수 있는 방법 한 가지는 마인드맵을 하는 것이 즐겁고 학습에도 도움이 된다는 생각으로 출발하는 것이다.

음악지능이 높은 아이

음악지능이 높은 아이는 노래를 좋아하며 잘 흥얼거리고 음악 감상과 악기 연주를 좋아한다. 한 번 노래를 들으면 쉽게 멜로디를 익히며 음높이나 리듬 등을 쉽게 구별한다. 리듬, 멜로디, 음악 등을 통해 잘 배운다.

> **음악지능이 높으면 잘하는 활동**
> 랩 음악, 노래하기, 음악 감상하기, 배경음악·소리 듣고 알아맞히기, 새로운 멜로디 창작하기, 학습 내용과 관련된 노래하기, 리듬 치기, 학습 주제와 맞는 음악으로 학습 분위기 조성하기, 모스 부호 이용하기, 문법과 구문을 노래나 랩으로 구성하기, 음악을 통해 스트레스 제거하기

음악지능이 높은 아이 지도는 이렇게

음악은 아이의 기억을 촉진하는 데 아주 효과적으로 사용될 수 있다.

1 │ 리듬, 노래, 랩, 음악, 창

수업 내용의 요점, 이야기의 주요 아이디어, 개념의 중심 주제 등을 리듬 형태로 구성할 수 있다. 혹은 특정한 주제의 의미를 통합·응용하는 과정을 노래나 랩 음악이나 창으로 구성할 수 있다. 이 과정에서 학습 내용을 효과적으로 기억할 수 있다.

아이가 암기하기 싫어하는 내용을 노래로 만들어보자. 먼저 아이가 좋아하는 노래를 정한 다음 암기할 내용을 가사로 만들어본다. 음악지능이 높은 아이는 이 과정을 즐길 뿐 아니라 가사를 금방 외울 것이다. 다음은 '우리들은 자란다' 라는 노래를 지역 특산물에 관한 내용으로 가사를 바꾼 것이다. 아이와 함께 불러보고, 강원도와 전라도, 경기도 특산물에 대한 노래도 지어보자.

지리산이 가까운 전라도 남원에선
나무 그릇인 목기가 특산물이고요
닥나무가 많이 나는 전주에서는
윤기 나고 질-긴 한지가 나지요
나주에선 배, 영광에선 굴비
고창에선 수박, 함평에선 고구마

바다에서 가까운 충청도 강경에선
짭짤한 맛 새우젓이 특산물이고요
굽이굽이 산이 많은 금산에서는
우리나라 자랑거리 인삼이 나지요
천안에선 호두, 서산에선 굴
한산에선 모시, 청양에선 고추

2 │ 바로크 · 고전 음악

바로크와 고전 음악 등이 기억을 촉진시키는 데 도움이 된다는 연구 결과가 계속 보고되고 있다. 바흐, 모차르트, 파헬벨 등 규칙적이고 일정한 박자가 반복되는 바로크 음악은 심리를 안정시키는 알파파와 세타파를 유도하고 도파민이나 세로토닌의 생성을 자극하여 집중력을 높이는 데 도움을 준다고 한다. 또 인간의 심장박동수와 비슷한 바로크 음악의 72-144박자는 긴장을 풀어주고 안정감을 주어 단순 암기나 수학 문제 풀이에도 효과가 있는 것으로 알려졌다. 음악적 지능이 높은 아이에게 이러한 음악을 배경음악으로 틀어준 상태에서 학습해야 할 정보를 전달하면 학습 효과를 높일 수 있다.

이렇게
해보세요!

기억력과 집중력에 도움을 주는 음악
바흐 : G선상의 아리아, 브란덴부르크협주곡 제3번 G장조, 무반주 첼로 모음곡 1번
베토벤 : 엘리제를 위하여, 피아노 소나타 14번 '월광' 중 제1악장
모차르트 : 피아노 협주곡 27번, 플루트 4중주곡 작품 71 중 제1악장
파헬벨 : 캐논

3 | 분위기 음악

학습을 위해 적당한 분위기를 조성해주는 음악을 틀어준다. 예를 들어 수업 내용이 바다에 관한 것이라면 이에 대한 음악이나 노래를 틀어주거나, 음향 효과로 파도 소리나 갈매기 소리 등을 들려준다. 이 방법은 영어 어휘를 가르칠 때 효과적으로 이용될 수 있는데 단지 글자로만 영어 어휘를 제시하는 대신 음향과 같이 단어를 제시하면 음악적 재능 높은 아이에게 효과적인 어휘 학습법이 될 수 있다.

신체운동지능이 높은 아이

신체운동지능이 높은 아이는 여기저기 잘 돌아다니며, 만져보면서 이야기하고, 신체 언어를 많이 활용한다. 이런 아이는 스포츠, 댄스, 연극, 그리고 손재주를 이용한 신체적 활동을 잘한다. 신체 감각을 이용한 지식 탐구, 만지기, 움직이기 등을 통해 학습 효과를 높일 수 있다.

이 지능에서 신체는 마음을 표현하는 도구가 되며, 기억은 직접 경험으로부터 획득되는 것이다. 따라서 아이가 학습을 신체 감각 수준에서 체험할 수 있는 방법은 이해력과 기억력을 증진시키는 데 매우 중요한 역할을 한다. 이 지능을 활용할 때는 신체가 새로운 움직임에 익숙해지는 데 걸리는 시간을 고려하여 학습 능력을 초급 · 중급 · 고급 단계로 나누어 실행해야 한다.

신체운동지능이 높으면 잘하는 활동

체험적 학습, 드라마, 춤, 스포츠, 만들기, 조립하기, 역할놀이, 인형극, 무언극, 제스처 게임, 춤추기, 율동, 신체 활동, 사람 찾기, 퍼즐 맞추기, 신체 동작으로 답 말하기(손들기 등), 학습 내용을 연극 동작으로 표현하기, 학습 자료를 직접 조작하기, 손가락 등 신체를 활용하여 학습 활동하기(계산 등), 팬터마임, 즉석 무언극, 신체 부위 이용하여 측정하기, 단어를 신체로 표현하기, 여러 물질이 되어 행동하기

신체운동지능이 높은 아이 지도는 이렇게

전통적으로 신체 움직임을 통한 교육은 체육 교과에만 한정된다고 생

각해왔다. 그러나 신체 움직임을 통한 교육은 모든 교과목에서 가능하다.

1 | 신체적 응답

아이가 자신의 신체를 표현 수단으로 삼아 학습에 임하게 할 수 있다. 가장 단순하고 많이 사용되는 이 방법의 예는 이해의 표시로 손을 들게 하는 것이다. 예를 들어 이해의 표시로 단순히 손을 드는 대신 이를 변용해서 완전히 이해했을 때는 다섯 손가락을 편다든지, 약간만 이해했을 경우에는 손가락을 한 개만 펴서 손을 든다든지, 눈을 찡긋한다든지 등 신체를 다양하게 활용하여 자신의 이해 상태를 표현하게 할 수 있다. 또한 전신 반응 교수법에서처럼 엄마가 지시하는 것을 듣고 아이가 그에 따라 행동하는 것도 대표적인 신체 움직임을 통한 학습법이다.

2 | 연극

아이가 학습할 교과서와 문제 혹은 기타 학습 과제의 내용을 극화시켜 연출하거나 역할놀이를 해보게 할 수 있다. 예를 들어 3단계의 문제 해결을 요하는 수학 문제가 있다면 3막으로 된 극으로 만들어보게 할 수 있다.

 32-13+5-6+4 라는 문제를 3막짜리 연극으로 만들어보자.

1막 : 32명의 아이들이 버스를 타고 출발했다.

2막 : 첫 번째 정류장에서 13명이 내리고 5명이 탔다.

3막 : 두 번째 정류장에서 6명이 내리고 4명이 탔다.

이제 남은 사람을 세어보자.

3 | 신체감각 활용하기

신체운동지능이 발달한 아이는 손으로 직접 만들어보는 것을 좋아한다. 수학 시간에 나무토막이나 작은 막대기와 같이 직접 손으로 조작할 수 있는 조작물을 주거나 과학 시간에 실험에 참여시켜 체험적 사고를 길러준다. 영어 시간에 직접 초대장이나 카드를 만들거나 영어 그림책을 만들어보는 것도 이에 해당한다.

4 | 신체 지도

신체를 마치 지도처럼 지적 활동의 거점으로 삼아 활용할 수 있다. 수를 세거나 셈을 할 때 손가락을 이용하는 것이 이에 해당한다. 이때 아이는 인지 과정이나 개념을 나타내는 신체 동작을 반복함으로써 그 과정이나 개념을 확실하게 자기화하여 이해할 수 있다. 처음 알파벳을 배우는 아이들에게 손가락이나 몸동작으로 각각의 알파벳을 표현해보도록 지도하는 것은 신체운동지능이 뛰어난 아이들에게 매우 효과적이다.

자연지능이 높은 아이

　자연지능이 높은 아이는 지구 환경에 관심이 많으며, 주어진 환경을 잘 변별하거나 특성을 분류 또는 활용하기를 좋아한다. 주어진 자료를 통해 결론을 지으면서 많이 배운다.

　자연지능은 자연과의 조화, 동화, 혹은 일치라는 말로 표현할 수 있다. 이 지능은 자신을 둘러싸고 있는 자연환경과 자신이 얼마나 잘 교감할 수 있는지의 정도를 나타낸다. 이 지능이 높으면 주변의 동식물, 또는 돌과 흙 같은 무생물까지도 사랑하고 그것들에 대해 관심을 갖고 공부하며 자연환경을 보호하려고 노력한다. 그러므로 야외에서 자연과 접촉하며 시간 보내기를 좋아하며, 자연물을 관찰하고 수집하며 그 내용을 기록하는 활동을 즐긴다.

> **자연지능이 높으면 잘하는 활동**
> 학습 자료 수집·분류, 자연 체험, 체험 활동 기록문 쓰기, 관찰하기, 견학하기, 소풍 가기, 여행하기, 하이킹하기, 자연 보호 활동에 참여하기, 동식물 키우기, 관찰 일지 쓰기, 자연 사진 찍기, 동식물 스케치

자연지능이 높은 아이 지도는 이렇게

1 | 관찰·기록하기

자연친화지능이 높은 아이들은 대부분 오감을 통해 사물을 깊이 관찰

하는 능력이 뛰어나다. 따라서 이 능력을 활용하여 주변의 사물을 관찰, 기록해보면 좋다.

 관찰력이 뛰어난 점을 이용하여 주위의 사물에서 여러 가지 입체도형을 찾아보고 분류해보면 자연스럽게 수학(5학년 2학기) 공부를 할 수 있다. 예를 들어 텔레비전은 직육면체, 양념통은 원기둥 같은 식이다.

2 | 동식물에 대한 관심 이용하기

자연친화지능이 높은 아이는 동식물의 습성과 생리에 관심이 많다. 이런 특성을 살려 수학 문제를 풀 때 동식물이 나오는 문제로 바꾸어 풀면 더 즐겁게 공부할 수 있다.

 문제 $(4 \times 4) + (2 \times 4)$를 '강아지 4마리와 오리 4마리의 다리를 모두 합하면 몇 개일까?'라는 문제로 바꾸어본다.

3 | 원인 분석하기

자연친화지능이 높은 아이는 사물을 분류하거나 분석하는 데 뛰어나다. 따라서 공부하고자 하는 내용을 기준에 따라 분류하고 원인을 찾는 방식으로 학습하면 도움이 된다.

 우리나라에서 생산되는 특산물을 지역에 따라, 종류에 따라, 생산 과정에 따라 분류해보고, 각 지역에서 그 특산물이 발달한 이유를 찾아보자.

4 | 신체 감각 활용하기

자신의 모든 감각을 활용하여 학습 대상을 분석한다. 시각, 청각, 촉각, 미각, 후각을 모두 사용하도록 격려한다.

5 | 분류하기

사물을 자연적 특성에 따라 분류해보게 한다. 재질이나 느낌, 수명, 속성에 대해 민감해지도록 한다.

이렇게 해보세요! 문화유산을 재질에 따라, 시대에 따라 분류해보자(사회 6학년 1학기). 또 우리 조상들이 즐기던 민속놀이를 도구의 재질에 따라 분류해보자(사회 4학년 2학기).

Step 2

전 과목 휘어잡는
교과서 공략법

사실 학교에서 제시하는 교육 방식이나 공부 방법이 내 아이의 흥미나 지적 특성에 딱 맞아떨어질 수는 없다. 아울러 학교와 같은 대집단의 교실에서 선생님에게 서로 다른 교육 방법을 적용해달라는 것은 현실적으로 불가능한 일이다. 따라서 자기에게 맞는 학습 방법을 스스로 찾아내는 게 가장 현명한 해결책이 될 것이다. 이러한 요구에 부응하고자 3부에서는 2부에서 찾아낸 자신의 세 가지 강점지능을 활용해 학교 교과에 접근하는 나만의 다양한 학습 방법을 소개하고자 한다.

지능별 교과서 공략법 #1
국어

지능별 교과서 공략법 #2
수학

지능별 교과서 공략법 #3
과학

지능별 교과서 공략법 #4
지능 지도에 따른 교과서 공략법

교과서 정복하기

이 장에 소개하는 활용법은 초등학교 5학년을 기준으로 아이들이 전반적으로 가장 어려워하는 학습 과제를 선별한 후, 다년간의 교사 경력이 있는 초등학교 선생님들이 개발해낸 효율적인 강점지능별 학습 활용법이다.

> 교과서 정복하기 구성 방식
> 1 | 과목별 단원 설명은 맨 처음에만 제시해놓았다.
> 2 | 먼저 과목별로 구분한 후 세 가지 강점지능별로 구성했다.

국어 논술력 키우는 법
– 5학년 1학기 말하기 듣기 쓰기(교과서 39~41페이지)

5학년 국어과 학습에서 아이들이 가장 어려워하는 단원은 논술과 관련된 부분이다. 이 단원은 주로 원고지 쓰기와 관련하여 학습하는데, 이를 통해 비로소 논리적인 글쓰기를 훈련하게 된다. 자신의 생각을 표현하는 글쓰기는 모든 학문의 기본 바탕이 되는 것이니만큼 이 단원에서 글쓰기 훈련이 잘 이뤄질 수 있도록 해야 한다.

박목월의 시 '물새알 산새알' 감상하기 – 5학년 1학기 읽기 (교과서 4~11페이지)
이 단원은 시를 읽고 비유적 표현을 이해하는 데 중점을 둔 부분이다. 이 단원에서는 시를 읽고 비유적 표현을 찾고, 비유적 표현이 무엇인지 비유적 표현의 효과는 무엇인지 공부한다. 또 시를 읽고 무엇을 무엇에 비유하였는지 알아보고, 글쓴이가 표현하고자 하는 대상의 어떤 점을 어떻게 비유하였는지 파악하는 활동을 한다.

수학 분수의 덧셈과 뺄셈 – 5학년 1학기(교과서 69 ~ 84쪽)

5학년 수학에서 분수의 덧셈과 뺄셈은 아이들이 가장 어려워하는 단원이다. 받아 올림이 없는 대분수의 덧셈, 받아 올림이 있는 진분수의 덧셈, 받아 올림이 있는 대분수의 덧셈이 여기에 포함된다.

받아 올림이 없는 대분수의 덧셈은 $\frac{1}{4}+\frac{1}{3}=\frac{3}{12}+\frac{4}{12}=\frac{7}{12}$ 과 같은 형태의 분수 문제를 말한다.

받아 올림이 있는 대분수의 덧셈은 $\frac{3}{4}+\frac{2}{3}=\frac{9}{12}+\frac{8}{12}=\frac{17}{12}=1\frac{5}{12}$ 와 같은 형태의 분수 문제를 말한다.

이 단원을 어려워하는 이유는 수학 교과가 나선형의 교육과정으로 이전 학년에서 학습 결손이 누적된 경우가 많기 때문이다. 여기서 중요한 것은 약분과 통분은 최소공배수를 구해서 공통분모를 산출해야 하는데, 최소공배수를 구하지 못하는 학습 결손이 있는 아이라면 먼저 최소공배수를 구하는 문제를 풀어야 한다. 최소공배수를 구하는 문제의 경우 5학년 초에 학습하는 것이기 때문에 이 단원을 시작하기 전에 미리 배운 내용을 아이가 충분히 알고 있는지 점검해 볼 필요가 있다.

전기회로 꾸미기는 5학년 과학과 학습에서 아이들이 가장 어려워하는 단원이다. 그 이유는 회로도에 대한 개념을 처음으로 배울 뿐만 아니라, 회로의 논리적인 흐름을 이해해야 하기 때문이다. 회로도란 전기의 흐름을 이해하기 쉽게 나타낸 그림으로, 전기의 흐름을 기호로 표시하여 꼬마전구에 불이 켜지는 경우와 그렇지 않은 경우를 나타낸 것이다. 회로도의 예로 다음의 그림과 같은 것이 있다. 그림에는 불이 켜지는 경우와 켜지지 않는 경우가 섞여 있다. 회로도를 이해하는 데 다중지능을 이용하면 쉽게 회로 개념 정립을 도울 수 있다.

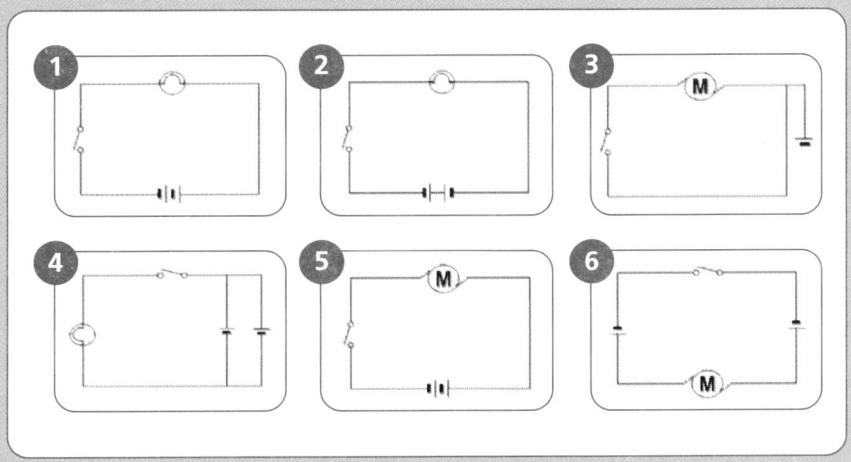

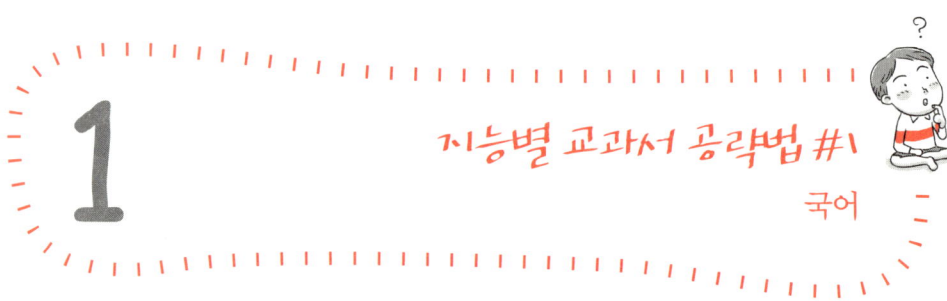
언어지능 vs 논리수학지능

언어지능이 높은 아이

말로 설명하게 하라 : 이제까지 자유롭게 쓰던 것과 달리 자신의 생각을 논리적으로 정연하게 표현하는 것은 매우 어려운 일이다. 이때 글을 쓰는 도중에, 또는 다 쓰고 나서 글의 내용을 말로 설명해보게 한다.

'박목월의 시' 라는 주제로 글을 쓴다고 할 때 글을 쓰기 이전에 박목월의 시에 나타난 아름다운 단어와 표현을 먼저 찾아내게 하고, 그 단어와 표현을 중심으로 생각한 내용을 말하도록 한다. 그런 다음 원고지에 글을 쓰게 하는 것이 좋다.

언어지능이 높은 아이는 글을 짓고 언어로 표현하는 것 자체를 좋아하기 때문에 원고지에 글을 쓰는 과정을 통해 글짓기 내용이 더욱 논리적이고 짜임새 있게 발전할 가능성이 높다.

재미있는 단어 찾기 : 언어지능이 높은 아이들은 낯선 단어나 재미있는 단어에 관심을 갖는다. 특히 시에 자주 등장하는 의태어나 의성어는 아이들의 관심을 끌기에 충분하다. 박목월의 시 '물새알 산새알'만 해도 '알락알락' '짭조름한' 같은 낱말이 나온다. 언어지능이 높은 아이들의 경우 이런 단어로 짧은 글 짓기를 하면 의미를 더욱 확실히 이해할 수 있다.

논리수학지능이 높은 아이

구조와 규칙을 알려주라 : 논리수학지능이 발달한 아이는 인과관계를 따지면서 논리적인 글을 쓸 수 있다. 특히 처음부터 글을 쓸 때 원고지를 주어 문장의 길이나 단락의 비율 등을 생각해보고 원고지에 미리 표시를 하게 하면, 공책에 글을 쓰는 것보다 더 재미를 가지고 논술을 공부할 수 있다.

이때 학교·학년은 뒤에 3칸이 남아야 하기 때문에 미리 3칸을 남기고 뒤에서 쓰는 것이라든지, 문단의 처음은 무조건 한 칸을 들여쓰기 해야 한다는 등의 규칙을 정확히 알려주는 것이 좋다. 원고지는 일정한 수의 칸으로 나누어져 있으며, 글자 수로 분량을 정한다고 알려준다.

'박목월의 시'를 공부할 때도 먼저 시의 구조를 탐색하고 규칙성을 깨닫게 하는 것이 도움이 될 것이다.

논리수학지능이 높은 아이들 중에서는 국어 과목에 어려움을 느끼는 경우가 많은데 이처럼 글의 구조를 이해하는 학습법과 '원고지를 통한 논술'로 접근하면 자신감을 회복하고 글쓰기에 흥미를 갖게 되는 기회가 될 수 있다.

인간친화지능 vs 자기성찰지능

인간친화지능이 높은 아이

다른 사람들과 토론하게 하라 : 글감을 친구들 또는 다른 사람들과 있었던 일로 정하는 것이 좋다. '박목월의 시'에 대한 감상을 쓴다고 할 때, 목월의 시 중에서 사람이나 동물의 관계나 감정에 관한 시를 선택하여 글을 쓰게 한다. 또는 글을 쓴 후 친구들과 의견을 나누게 하거나, 친구들과 먼저 의견을 나눈 후에 글을 쓰게 해도 좋다. 혹은 글을 쓰기 전에 토론을 거쳐서 사람들의 서로 다른 관점을 알게 함으로써 글쓰기에 대한 흥미를 높여줄 수도 있다.

자기성찰지능이 높은 아이

감정이입을 하게 하라 : 자기성찰지능이 높은 아이는 글감에 대해 충분히 감정이입이 되도록 하는 것이 글을 쉽게 쓰는 데 도움이 될 것이다. 예를 들면 '박목월의 시'에서 시인이 느끼는 감정과 가치에 대해 시인의 입장에서 생각해보도록 한다. 그에 깊이 공감할수록 글쓰기는 즐거운 작업이 될 수 있다. 또한 자기 성찰지능이 높은 아이는 글감을 하루 일과를 반성하는 내용, 또는 하루 중 가장 잘한 일 등으로 정하면 글쓰기가 수월해진다. 논술의 기초를 쌓도록 하기 위해서 일기도 서론, 본론, 결론을 갖추어 글을 쓰도록 한다.

공간지능 vs 음악지능 vs 신체운동지능 vs 자연지능

공간지능이 높은 아이

원고지를 공간으로 이해하게 하라 : 논리수학지능이 높은 아이와 마찬가지로 공간지능이 높은 아이는 공책에 글을 쓰는 것보다 원고지에 글을 쓰는 것이 글쓰기를 더욱 흥미롭게 만들 수 있다. 단어와 문장, 내용을 주어진 틀 안에 담고, 여백 주기와 띄어쓰기를 통해 자신의 생각이 원고지라는 '공간' 속에서 자리를 차지해나가는 것 자체가 공간지능이 높은 아이에게는 재미있는 과제가 될 것이다.

또한 공간지능이 높은 아이는 글의 구조를 잡는 데 좀 더 관심을 기울이게 하면 더욱 도움이 될 수 있다. 처음에는 원고지에 한 문단씩 쓰고, 그것을 한 장씩 나누어서 서로 다르게 배치해보는 방법이 있다. 글의 각 문단을 배치하는 과정에서 글의 구조가 잡히고, 그것을 새 원고지에 고쳐 옮겨 쓰면서 머릿속에 논리적인 글의 구조가 자리 잡게 될 것이다. 이것은 논술의 기초를 쌓는 훈련이 된다.

글을 쓰기 전에 '그림'이나 '도형'으로 자기가 쓸 내용을 그려보게 하면 더욱 좋은 글을 쓸 수 있다.

음악지능이 높은 아이

운율을 살리게 하라 : 글을 쓰면서 배경음악으로 선율이 일정한 음악을 청취하면서 학습할 수 있도록 하거나, 시를 원고지에 옮겨 적으면서 리듬감을 느끼게 하는 것이 도움이 될 것이다.

음악지능이 높은 아이는 리듬감이 뛰어나기 때문에 시 짓기나 노래 가사를 이용하는 것이 효과적이다. 또한 아이가 관심 있어 하는 가사나 위대한 음악가를 주제로 글쓰기를 할 경우 글쓰기가 훨씬 즐거워질 수 있다.

'박목월의 시'를 글감으로 사용할 경우, 박목월의 시가 갖는 음악성에 대해 생각해보고 그에 대한 내용을 써보게 한다면 글쓰기를 더욱 즐길 수 있을 것이다.

신체운동지능이 높은 아이

몸을 활용하게 하라 : 직접 몸을 사용하여 '글감'에 대한 내용을 이해하게 한다. '박목월의 시'를 읽을 때 몸짓을 섞어가면서 읽게 한다든지, 시를 몸으로 표현하게 한다면 시를 깊이 공감하는 데 도움이 될 수 있다. 또한 원고지에 글을 쓸 때는 원고지를 펼쳐놓고 손을 이용하여 띄어쓰기의 칸을 확인하고, 문단의 길이를 뼘으로 재보면서 글을 쓰도록 한다.

자연지능이 높은 아이

자연물에 관한 글감을 활용하게 하라 : 글감의 주제를 자연물, 식물 관찰로 하면 학습 효과가 높아진다. 자연 친화적인 글을 쓰기 위해서 관찰일지를 원고지로 대체하고, 원고지에 쓴 내용을 검토하는 것도 한 방법이다. 또한 관찰일지를 미리 쓰게 한 후 나중에 원고지에 옮겨 적도록 하는 방법도 효과적이다.

'박목월의 시'를 글감으로 하여 글을 쓸 때는 무엇보다 '자연과의 교감' 부분에 관심을 갖게 하고, 그 부분을 중심으로 글을 써 내려가게 하는 것이 도움이 될 것이다. 예를 들어 '물새알 산새알'에서는 물새와 바닷가, 산새와 수풀, 물새알과 미역 냄새, 산새알과 풀꽃 냄새 등을 중심으로 글을 쓰도록 한다.

지능별 교과서 공략법 #2
수학

언어지능 vs 논리수학지능

언어지능이 높은 아이

풀이 과정을 말로 설명하게 하라 : 아이에게 자신이 푼 문제의 풀이 과정을 말로 설명해보게 한다. 오류를 교정하는 방법은 말로 먼저 설명하게 하고, 그 내용을 듣고 오류를 짚어주는 방식이 좋다. 그 과정을 마음속으로 지속하게 하면 이 부분이 훨씬 쉬워질 것이다. 문제를 많이 푸는 것보다는 한 문제라도 말로 충분히 설명할 수 있도록 완전하게 푸는 것이 더 중요하다.

이 과정이 지나면 문장으로 되어 있는 응용 문제를 풀게 한다. 그런데 문장을 이용하여 문제를 해결하는 방법은 숫자를 이용하여 문제를 해결하는 것보다 난이도가 높다. 따라서 지도할 때 인내를 갖고 차분하게 설명해 주어야 한다.

숫자를 이용하여 문제를 해결하는 것을 이해하지 못한 상태에서 더 난이도가 높은 문장제 문제를 해결하게 하면 아이가 어려워할 수 있다. 따라서 통분의 개념 또는 숫자를 이용한 해법을 명확하게 지도한 후에 언어적으로 이해할 수 있도록 지도해야 한다.

논리수학지능이 높은 아이

숫자로 해결하는 연습을 충분히 하게 하라 : 수의 기본 원리와 연산 법칙, 통분 등을 이용하여 계산하는 방법을 학습하는 것이 좋다. 이 아이는 문장제 문제를 해결하는 데 어려움을 겪을 수 있다. 따라서 숫자로 해결하는 연습을 충분히 실시한 후에 문장제 문제를 해결할 수 있도록 지도한다.

이런 아이는 너무 쉽게 문제를 해결함으로써 오히려 흥미를 잃을 수도 있다. 통분을 자동적으로 해결하도록 지도하되 적절히 어려운 문제를 주어 흥미를 잃지 않게 해준다.

인간친화지능 vs 자기성찰지능

인간친화지능이 높은 아이

친구들과 함께 학습하게 하라 : 통분, 받아 올림 등을 각기 다른 사람에게 학습하도록 한다. 가령 통분은 아버지가, 받아 올림은 엄마가 가르치는 식이다. 또는 친구와 함께 학습하는 것도 좋은 방법이다. 인간친화지능이 높은 다른 친구와 함께 학습을 하면 더욱 효과적이므로 평소에 친구들을 자주 집으로 초대해서 같이 공부할 수 있도록 지도한다.

이때 아버지, 엄마 또는 친구와 함께 공부하면 효과적이기는 하나 자칫 놀이 중심의 활동이 될 수 있으므로 주의가 산만해지지 않도록 신경 써야 한다.

자기성찰지능이 높은 아이

스스로 문제를 해결하고, 평가하게 하라 : 참고서의 풀이 과정을 살펴보고 스스로 문제 해결력을 키워나가도록 지도한다. 이런 아이는 반드시 학습이 완성되었는지를 평가해야 한다. 혼자서 깨우치기를 좋아하는 특성이 있지만, 자칫 내용을 잘 모르면서 참고서만 탐독할 수 있기 때문이다.

혼자서 문제를 살펴볼 수 있도록 평소에 훈련시키고, 참고서에는 모든 풀이 과정이 소개되어 있으므로 혼자서 읽고 원리를 깨우치도록 배려하면 효과적으로 학습할 수 있다.

공간지능 vs 음악지능 vs 신체운동지능 vs 자연지능

공간지능이 높은 아이

그림을 그리게 하라 : 원을 이용하여 분수를 표시하고, 공간에서의 개념을 이용하여 학습하면 효과적이다. 분수의 통분에 대한 이해를 위해 교과서에서 제시한 그림 자료를 활용하는 학습 방법도 좋다.

그러나 받아 올림과 받아 내림이 있는 경우는 그림으로 설명하면 오히려 어려워질 수 있다. 분수 개념이 있는 피자 등을 활용하여 그림을 그리고 활동하는 방법을 이용하거나, 교과서에서 제시한 '색칠하여 이해하기' 활동을 참고로 하여 다양한 활동을 연출해본다.

공간을 활용하는 학습 방법은 아이보다도 어른에게 더 어려울 수 있으므로 아이를 위한 마음으로 끈기를 갖고 지도해야 한다

음악지능이 높은 아이

박자를 활용하게 하라 : 박자를 이용하여 분수 개념을 설명하면 쉽게 이해할 수 있다. 예를 들어 "박자는 분수와 길이가 같아"와 같이 설명해줄 수 있다. 이렇게 박자를 이용하여 학습하려면 오선지 공책을 준비하는 것이 효과적이다. 오선지 공책에 숫자의 통분을 음표로 표시하면서 학습하는 활동을 한다.

신체운동지능이 높은 아이

사물을 활용하게 하라 : 실제 사물을 통해 지도하는 것이 효과적이다. 예를 들어, 고무 찰흙을 일정한 분수의 크기로 나누어놓고 어떻게 합칠 수 있는지를 손 등을 이용한 직접적인 조작 활동을 통해 해결할 수 있도록 하는 것도 한 방법이다.

이 지능이 높은 아이에게 '대분수의 덧셈'과 같은 내용은 매우 불리한 수업이다. 인내심을 가지고 학습할 수 있도록 한다. 교과서에 제시한 것처럼 색 테이프를 활용하는 방법도 좋다. 되도록 많은 실제 사물을 준비하여 학습하면 효율을 높일 수 있으나, 여러 사물을 이용하다 보면 아이가 산만해질 수 있으니 집중력을 잃지 않도록 주의해야 한다.

자연지능이 높은 아이

자연물을 활용하게 하라 : 자연물을 활용하는 것이 좋다. 예를 들어 나뭇잎 등을 이용하여 분수 개념을 확인하도록 한다. "아카시아 잎이 9개인데, 이 중에 3개가 없다. 목련은 잎이 3개인데, 이 중에 하나가 떨어졌다. 어느 것이 큰가?"와 같은 문제를 내주는 것이다.

자연물을 자료로 준비하는 것은 물론이고, 아이가 직접 밖에 나가서 따 온 나뭇잎이나 주워 온 돌멩이 등 수집품으로 학습을 한다면 아이가 더 흥미를 갖고 학습할 수 있을 것이다. 그러나 자연물을 준비하는 것은 기본 개념이 잡힐 때까지만이다. 추상적인 문제 해결력을 길러야 하므로 기본 개념이 잡힌 이후에는 숫자를 중심으로 학습하게 해야 한다.

3

언어지능 vs 논리수학지능

언어지능이 높은 아이

설명을 읽고 이해하게 하라 : 회로도에 대한 설명을 먼저 읽고 학습하는 것이 좋다. 설명을 읽고 충분히 이해한 후에 회로도를 그리고 이해하는 순으로 학습을 진행한다. 이때 회로도에 대한 이해는 그림으로 단순 기호화된 자료를 이해하는 것이기 때문에 설명을 읽고 이해하여 자신의 말로 설명하게 한다. 더불어 회로도의 내용을 발표하게 한다.

회로도의 기호를 언어적으로 이해하는 것은 기본적인 학습 사항이다. 수학, 과학 등에서 수시로 사용하는 기호는 아이에게 언어적인 설명을 곁들여 학습하도록 지도해야 한다.

논리수학지능이 높은 아이

기호를 익히게 하라 : 회로도는 논리적인 구조를 약호화하여 표현한 것이다. 회로의 구조에 대한 논리적 접근을 하면 쉽게 학습할 수 있다. 이런 아이는 회로도의 기호에 대한 기초 학습만 철저하게 하면 수월하게 이해할 수 있다. 회로도 꾸미기에서 가장 오류가 많은 전지의 양극과 음극에 대한 구분을 명확하게 해주어야 한다. 아이가 실제 사물을 조작하는 능력이 결여될 수 있으므로 전기회로 꾸미기를 실습하게 해주는 것이 좋다.

인간친화지능 vs 자기성찰지능

인간친화지능이 높은 아이

친구들과 함께 조립하게 하라 : 친구들과 함께 라디오 조립처럼 어려운 회로도를 이용한 학습을 하게 한다. 라디오 키트를 조립하면서 자연스럽게 회로도에 대해 호기심을 느끼며, 친구들과 의논하는 과정에서 회로도에 대한 기본 지식을 습득할 수 있다.

그러나 회로도의 기본 개념을 뛰어넘는 과제를 제시하여 아이에게 좌절감을 주지 않도록 유의해야 한다. 난이도는 친구들과 함께 제작하는 기쁨을 볼 수 있는 정도가 적당하다.

아이가 친구들과 함께 모형 비행기, 과학 상자 등을 조립하며 유대 관계를 맺을 수 있도록 평소에 친구들과 어울릴 기회를 많이 만들어주는 것이 좋다.

자기성찰지능이 높은 아이

스스로 실행하게 하라 : 스스로 전기회로를 꾸미고 전구에 불이 들어오는 실험을 하게 한다. 전구에 불이 들어왔을 때의 회로도를 어떻게 표현하는지, 원리 및 회로도의 의미를 이해할 수 있게 해준다.

이 단원은 자기성찰지능이 높은 아이에게 불리할 수 있는 수업이므로 흥미를 잃지 않도록 하는 것이 중요하다. 그러므로 우선 전기회로를 만들면 전구에 불이 들어올 수 있다는 사실을 알려 목표를 정해준 다음 지도해주는 것이 가장 효과적이다.

공간지능 vs 음악지능 vs 신체운동지능 vs 자연지능

공간지능이 높은 아이

회로도를 그리게 하라 : 회로도를 예상하고 전구에 불이 들어오는지 등의 학습을 하는 것이 좋다. 특히 공간지능이 높은 아이가 학습하기에 좋은 단원으로 적극적으로 학습에 임하게 해서 자신감과 성취감을 느낄 수 있는 기회가 되도록 지도한다. 그리고 교과서의 관련 사진이나 그림을 보면서 회로도를 그리는 훈련을 하여 회로도 그리기에 익숙해지도록 한다.

특히 설명을 읽고 이해하는 것에서 그치지 않고 여러 번 회로도를 그리기는 것이 좋다.

유의할 점은 공간지능이 높은 아이에게는 쉬운 단원이기 때문에 학습에 소홀해질 수 있다. 따라서 너무 쉬운 나머지 흥미를 잃지 않도록 지도해야 한다. 아이의 흥미를 높이기 위해 라디오 회로 조립 등의 난이도가 높은 추가 과제를 내주는 것도 좋은 방법이다.

음악지능이 높은 아이

소리 나는 회로도를 활용하게 하라 : 전기회로도를 벨, 라디오 등의 소리 나는 회로도로 대체하여 그 구조를 알 수 있도록 하는 것이 효과적이다. 또 회로도가 음계 또는 악보와 같이 규칙에 따라 구조적으로 구성되었음을 이해하면서 학습하는 것도 한 방법이다. 이때 아이가 벨 또는 새소리 등 최대한 간략한 구조의 회로도를 이용하여 학습하도록 해야 한다. 회로도가 복잡하면 오히려 학습에 방해가 될 수 있다.

신체운동지능이 높은 아이

운동장에 회로도를 그리고 놀게 하라 : 운동장에서 회로도를 학습하도록 한다. 긴 막대를 준비하여 아이가 운동장에 큰 회로도를 그리고, 자신이 전기가 되어 회로도를 오갈 수 있도록 함으로써 이해를 도울 수 있다. 이 지능이 높은 아이는 신체를 통한 학습을 쉽게 받아들인다. 이처럼 운동장에서 놀이처럼 할 수 있는 회로도 꾸미기를 실시하는 방법은 다른 교과에도 적용할 수 있다.

그러나 가정에서 운동장을 사용하는 학습 방법이 번거롭다면, 회로를 만드는 조작 훈련을 실시한 후에 추상적인 기호를 학습하는 순서로 학습함으로써 아이의 학습 능률을 높일 수 있다.

자연지능이 높은 아이

자연의 일부임을 강조하라 : 회로도가 자연의 일부분임을 강조하면서 그림으로 이해할 수 있도록 지도한다. 그림으로 이해하고, 각 회로도의 기능을 익히는 순서로 학습하면 효과적이다.

원래 이 지능이 높은 아이는 회로도를 학습하는 데 어려움이 있을 수 있다. 자칫 흥미를 잃지 않도록 도체 및 부도체를 회로도에 연결하여 전구에 불이 들어오게 하는 등 재미있는 실험을 통해 흥미를 느낄 수 있도록 지도할 필요가 있다.

4

먼저 2부에서 작성한 내 아이만의 지능 지도를 확인하자. 여덟 가지 다중지능 중에서 한 가지 강점지능을 찾는 것이 아니라 언어지능 vs 논리수학지능 중 더 높은 지능, 인간친화지능 vs 자기성찰지능 중에서 더 높은 지능, 공간지능 vs 음악지능 vs 신체운동지능 vs 자연지능 중에서 가장 높은 한 가지 지능 등 세 가지 강점지능을 찾아내 이에 맞게 공부하면 훨씬 쉽고 재미있게 공부를 할 수 있게 된다.

예를 들어 언어지능—공간지능—인간친화지능이 높은 아이가 시를 공부한다고 할 때, 그냥 시를 외우기만 하는 것보다는 먼저 공간지능을 활용하여 시의 느낌을 마음 속에 그림으로 떠올려본 다음 언어지능을 활용하여 그 느낌을 써보고, 마지막으로 인간친화지능을 활용하여 친구들과 느낌을 토론해 본다면 훨씬 더 완벽하게 시를 이해할 수 있게 된다.

이처럼 세 가지 강점지능을 활용하여 더 재미있고, 더 풍부하게, 더 정확히 공부한 후, 그 성과를 아이가 직접 경험할 수 있게 된다면 아이는 더 이상 공부를 지루하거나 어려운 것으로 생각하지 않을 것이다.

다음에 소개하는 지능의 조합은 실제로 가장 이루기 쉬운 모델을 설정한 것이다. 혹시 내 아이에게 맞는 조합이 없다면 앞에서 소개한 많은 다양한 활용법으로 내 아이만의 활용법을 만들어 꼭 실행해보자.

국어 **비유적 표현을 사용하여 시 쓰기**

논리수학 · 인간친화지능 · 신체운동지능이 높은 아이

글감의 내용을 친구나 주변 인물과의 관계에서 찾는다. 글의 구조를 논리적으로 구성하는 방법에 대해 생각해본 후 원고지에 글을 쓰게 한다. 쓴 내용을 몸짓을 섞어가며 표현해보면서 원고 내용을 마무리하는 과정을 거치면 좋은 글을 쓸 수 있다.
이때 칭찬을 많이 해주고, 지루해하지 않도록 글감에 대해 이야기를 나누면서 학습하도록 한다.

 비유적 표현을 사용하여 시를 써보게 하자.
먼저 시로 쓰고 싶은 것을 정한 다음, 친구들 앞에서 몸짓으로 표현해 보

자. 쓰고 싶은 글감이 동물이면 동물의 행동과 소리를 흉내내보고, 학용품이라면 학용품의 특징을 묘사하게 하자. 친구들의 의견을 들어보고 자신의 생각이 잘 전달되었는지 확인한 다음 원고지에 시를 써보게 한다.

언어 · 자기성찰지능 · 음악지능이 높은 아이

'박목월의 시'를 글감으로 논술을 하는 경우, '박목월의 시'에 쓰인 아름다운 표현과 단어, 음악성에 관심을 갖게 하고, 시에 충분히 감정이입이 되도록 격려하면 글을 쓰는 데 어려움을 느끼지 않을 것이다.

또한 원고지 쓰는 법을 학습한 후에 "제목은 어떻게 쓰는 것이 좋지?", "학교와 학년은 어디에 써야 하지?" 등등 퀴즈식 질문으로 형식을 재미있게 숙지할 수 있게 도와주어, 글의 논리적 구조에 관심을 갖게 한다. 또한 자신이 시인이 되어 느끼는 감상을 글로 써보도록 하면 더 흥미를 느낄 수도 있다.

이렇게 해보세요!

시 낭송에 어울리는 음악을 찾아보게 하자. 먼저 마음에 드는 시를 고른 다음 눈을 감고 느낌을 감상해 보게 한다. 시에 나타난 풍경을 그려보며 어울리는 음악을 골라보게 한다. 고른 음악을 배경으로 시를 읽어보게 한다. 여러 가지 억양으로 읽어보게 하여 가장 적절한 낭송법을 찾아보게 한다.

논리수학 · 인간친화지능 · 자연지능이 높은 아이

관찰일지 등에 써놓은 글을 다른 아이들과 토론하여 정리한 후, 글의 형태를 가다듬어 원고지에 옮겨 쓰도록 한다. 이때 인과관계에 초점을 두거나 시간의 순서대로 쓰도록 하면 매우 논리적인 글을 쓸 수 있게 된다.

나팔꽃을 키우면서 관찰일지를 써본 후, 친구들과 나팔꽃의 특징에 관하여 토론해 보게 한다. 아침과 낮, 저녁 시간에 따라 나팔꽃의 모습이 어떻게 변하는지 정리하여 시로 써본다. 이때 각 연의 내용을 아침과 낮, 저녁 시간으로 나눠 쓰게 해본다. 마지막으로 원고지에 옮겨 쓰게 한다.

언어 · 자기성찰지능 · 공간지능이 높은 아이

글 내용을 말로 정리해보게 한 후 혼자서 생각을 하면서 원고지에 쓰게 한다. 이때 각 문단의 위치를 이리저리 바꿔볼 수 있도록 초고를 원고지의 각 장에 한 문단씩 쓰게 한 후 글의 구조를 잡아 마지막 원고를 쓰게 하면 좋은 글을 쓸 수 있다.

먼저 시로 쓰고 싶은 글감을 정한 다음, 연상되는 것을 마인드맵으로 정리하게 한다. 예를 들어 '선물'이라는 글감을 선택했을 때 '생일' '엄마' '카드' '친구' '인형' 등이 나올 수 있다. 눈을 감고 앞의 낱말과 관련된 사건이나 이야기를 떠올려 보게 한 다음 원고지에 쓰게 한다.

수학 공배수와 분수의 덧셈

공배수는 분수를 통분하거나 최소공배수를 구하는 데 이용된다. 최소 공배수로 통분을 하면 분모의 크기가 작아지기 때문에 분수의 크기를 비교하거나 덧셈 뺄셈을 할 때 쉽게 이해할 수 있다.

논리수학 · 인간친화지능 · 신체운동지능이 높은 아이

이 유형의 아이들은 기본적으로 수학을 잘할 수 있는 바탕이 있다. 그러나 차분히 앉아서 문제를 풀기 어려운 성격이므로 그에 맞는 공부 방법이 필요하다. 즉 친구들과 함께 몸을 움직이는 놀이를 만들어 원리를 익히거나 문제를 풀어보게 하는 것이 좋다.

이렇게 해보세요!

먼저 분수 카드를 여러 장 준비한 다음, 친구들과 함께 운동장으로 나가 커다란 원을 그리게 한다.

분수 카드를 골고루 섞어 2장씩 뽑게 한다.

각자 뽑은 카드에 적힌 분수를 더하여 합을 구하게 한 뒤, 합이 가장 큰 사람이 먼저 자기 땅의 영역을 표시하게 한다. 이 때 발을 한 군데 고정시킨 채 최대한 팔을 뻗어 금을 긋도록 한다. 가장 많은 땅을 차지한 사람이 게임에서 이기게 된다.

언어 · 자기성찰지능 · 음악지능이 높은 아이

음악지능이 높은 아이의 경우 분수와 음표를 연결시키면 더 빨리 이해할 수 있다.

먼저 온음표, 2분음표, 4분음표, 16분음표 등을 분수로 바꿔보게 한다. 예를 들어 온음표는 1, 2분음표는 $\frac{1}{2}$, 4분음표는 $\frac{1}{4}$ 하는 식이다. 그런 다음 음악 교과서에 들어있는 악보 중에서 한 마디를 정해, 그 안에 들어 있는 음표를 모두 분수로 바꿔보게 한다. 분수를 모두 더하면 1이 된다는 것을 확인해 보게 한다.

논리수학 | 자기성찰지능 · 자연지능이 높은 아이

논리수학지능이 높은 아이는 수의 기본 원리와 연산 법칙, 통분 등을 이용하여 계산하는 방법을 학습한다. 기본 개념이 잡힐 때까지는 자연물을 이용하여 학습하게 한다. 또 자기성찰지능이 높은 아이들은 계획을 세우는 것에 재미를 느끼므로, 분수의 개념을 활용하여 계획표를 만들어보게 하는 것도 좋다.

한 달 동안 해야 할 일의 계획표를 만들어 보게 하자. 한 달 동안 60페이지짜리 수학 문제집을 한번에 6장씩 나누어 풀고, 화분에 물을 세 번 주어야 하고, 이틀에 한 번 강아지를 목욕시켜야 한다고 할 때 각각의 일을 하는 날은 몇 일인지 알아보고, 한 달을 기준으로 하여 이를 분수로 만들어 보게 한다.

언어 · 자기성찰지능 · 공간지능이 높은 아이

이 유형의 아이들은 수학을 싫어하기 쉬워 기초가 부실할 가능성이 있다. 그러므로 기본 개념을 착실히 쌓는 것이 중요한데, 다음과 같은 방식으로 분수의 덧셈과 뺄셈의 기초가 되는 약수와 배수, 그 중에서도 공배수를 공부하면 도움이 된다.

예를 들어 2와 3의 공배수를 알아보는 문제의 경우 언어지능이 높은 아이는 공배수라는 개념을 이야기를 만들어 익히게 하는 것이 좋다. 그리고 친구와 2의 배수, 3의 배수로 각각 역할을 나누어 공통되는 배수를 찾아보게 한다. 이때 색테이프나 자를 활용하면 좋다.

준비물 : 막대자 2개

2와 3의 공배수를 찾는 문제를 다음과 같이 바꾼다.

"A라는 아이는 2의 배수날에 숙제를 하고, B라는 아이는 3의 배수날에 숙제를 한다. A와 B가 둘 다 숙제를 하는 날은 어느 날일까?"

이를 풀기 위해 A와 B가 각자의 막대자에 숙제할 날을 표시하도록 한다. 다 표시한 다음, 막대자를 대보고 같이 표시되어 있는 눈금을 찾아보게 한다.

과학 **전기에 불켜기**

'전구에 불켜기' 단원은 일상 생활과 밀접하게 관련되는 전기를 이해하기 위하여 처음 도입되는 단원이다. 많은 아이들은 장난감이나 가전 제품을 통해 전기에 대한 경험이 풍부한 상태이다. 따라서 아이들의 일상 경험을 연결시켜 공부하는 것이 좋다.

논리 수학 · 인간친화지능 · 신체운동지능이 높은 아이

논리수학지능이 높은 아이는 사물을 분류하는 데 관심이 있다는 점을 이용하여 전기가 통하는 물체와 통하지 않는 물체를 구분해 보도록 한다.

먼저 전구와 전지, 전선을 연결하여 회로 검사기를 만든다. 주위에 있는 물체(수저, 가위, 지우개, 수첩, 손수건 등)들 중에서 전류가 흐르는 것은 어떤 것이고 흐르지 않는 것은 어떤 것인지 각자 예상해 보게 한 다음, 친구들과 토론해 보게 한다. 수저, 가위, 지우개, 수첩, 손수건 등을 회로 검사기에 연결하여 불이 들어오는지 확인해 보게 한다.

언어 · 자기성찰지능 · 공간지능이 높은 아이

전지를 연결하는 두 가지 방법을 공부할 때 회로도를 그리고 글을 써본다.

먼저 공간지능을 활용하여 직접 전지를 연결해 보고 회로도를 그리게 한다. 또 자신을 전류라고 상상하고 직렬 연결된 전지를 통과할 때와 병렬 연결된 전지를 통과할 때 어떤 점이 다른지 떠올려 직렬 연결과 병렬 연결의 장점과 단점을 찾아내보게 한다. 이렇게 알아낸 것을 글로 써보게 한다.

강 점 지 능 살 리 면
뜯 어 말 려 도 공 부 한 다

부록

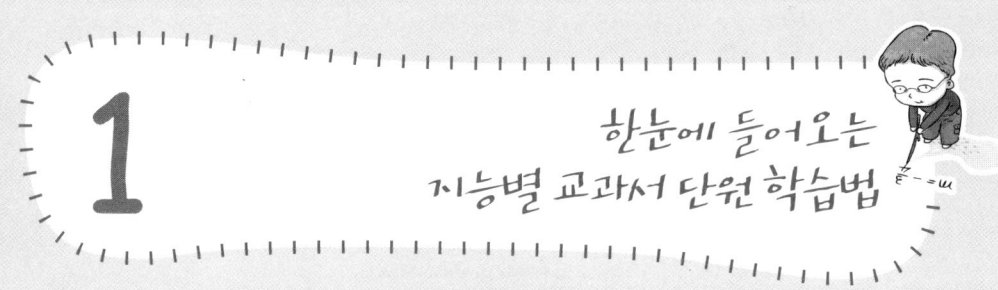

1

한눈에 들어오는
지능별 교과서 단원 학습법

　여기에서 소개하고자 하는 교과목별 학습법은 최근 몇 년간 초등학교 교사들이 시범적으로 실시한 결과, 높은 학업 성취도를 보이며 그 효율성을 검증받은 학습법들이다.

　이미 교수학습법을 연구하는 전문가와 교사들 사이에서는 다중지능이론을 적용한 학습 방식의 효율성이 널리 알려져 있으며, 많은 교사들이 실제 교육 현장에서 활용한 후 그 결과에 주목하고 있다. 현재 다중지능이론에 입각한 학습법을 활용한 경험이 있는 교사들은 모두 강점지능을 살린 학습법이 아이들의 학습 능률을 높이는 데 많은 도움이 되었음을 인정하고 있으며, 앞으로 수업 현장에서 적극적으로 활용되기를 희망하고 있다.

　교실에서 시행되는 다중지능이론에 입각한 학습법은 모든 지능 영역에 대한 학습 체험의 기회를 학습자들에게 골고루 경험하게 함으로써 학습자가 스스로 자신의 강점지능을 자연스럽게 인식할 수 있게 한다. 이를 통해 학습자는 자신에게 맞는 학습 방식을 스스로 선택하는 안목을 기를 수 있게 된다. 이렇게 스스로 선택한 학습 방식으로 학습할 때 가장 효율적인 학습 형태인 자기 주도적 학습이 가능해지는 것이다.

따라서 가정에서 개별적으로 이 학습법을 활용하는 경우에도 우선 내 아이의 강점지능에만 초점을 맞추지 말고 골고루 모든 학습법을 시도해볼 것을 권한다. 아이 스스로 자신의 강점지능을 깨닫는 경험을 하는 것도 매우 의미 있는 일이기 때문이다.

다중지능이론을 적용한 학습 방식에는 여덟 가지 지능의 특성에 맞춘 일정한 유형이 있다. 각각의 유형을 잘 익혀서 아이가 흥미를 못 느끼거나 힘들어하는 과목, 나아가 구체적인 단원을 학습하는 데에서 자기만의 방식을 찾아내어 활용한다면 좋은 결과를 얻을 수 있을 것이다.

국어 6학년 | 재미있는 우리말, 속담

강점지능	학습 내용
언어	자주 쓰이는 50개 정도의 속담을 찾아 적어본다. 비슷한 뜻인 것끼리, 반대의 뜻인 것끼리 나눠 본다. 속담의 한 부분을 바꾸어 표현해보기. 속담을 사용하여 주장하는 글쓰기
논리수학	속담의 인과관계를 찾아서 내용을 바꾸어보기
인간친화	인간 관계를 나타내는 속담 찾아보기 친구와 함께 속담의 의미 토론하기
자기성찰	나의 습관이나 버릇에 어울리는 속담 찾기 내가 좋아하는 속담집 만들기
공간	속담 내용을 그림으로 표현하기 속담 카드 만들기 만든 카드로 속담 알아맞히기 게임하기
음악	속담에 음이나 가락, 화음 붙이기 문답식 노래 짓기 속담으로 랩 만들기 재미있는 소리를 표현한 속담을 찾아보기
신체운동	속담 내용을 몸으로 표현한 후 알아맞히기 신체나 운동과 관련된 속담을 찾아보기
자연	속담에 등장하는 동식물에 대해 알아보기 속담 속에 등장하는 동식물이 어떤 의미로 쓰였는지 알아보기

유의사항 : 그림 그리기, 카드 만들기, 몸동작으로 표현하기 등을 활동할 때 완벽을 요구하지 않도록 한다.

전 학년 | 옛날이야기 상상 여행

강점지능	학습 내용
언어	가장 흥미 있는 옛날이야기를 골라 이야기를 꾸며본다. 만약 옛날에 '이런 물건이 있었다면' 으로 시작하는 옛날이야기 만들어보기
논리수학	옛날이야기에서 인과관계를 나타내는 카드를 만들고, 원인과 결과부분의 내용을 바꾸어 새로운 이야기로 만든다.
인간친화	요즘 사람들과 옛날 사람들 간의 다른 습관과 인간관계에 대해 토론한다 미래에는 가족이 어떻게 달라져 있을지 토론하고 이야기를 만들어본다.
자기성찰	활동한 내용에 대해 스스로 평가하기 어떤 활동에서 가장 흥미를 느꼈는지 생각해 본다
공간	각자 자신의 이야기를 문단나누기를 한 후 주요 장면을 골라 그림으로 그리고 이야기를 합쳐 그림책 만들기
음악	이야기의 분위기에 맞는 음악을 찾아 들어보기 상상속의 세상을 표현하는 음악 찾아보기
신체운동	옛날이야기를 연극으로 꾸미기 신체의 단련이나 무술 수련 등을 담은 옛날 이야기를 찾아보기
자연	이야기에 등장하는 동식물 모양, 생김새, 자연적 습성 알아보기 이야기속의 동물과 식물의 인격에 대해서 토론해보기

유의사항 : 이야기 선택 시 너무 복잡한 플롯의 이야기는 피한다.

강점지능	학습 내용
언어	운동에서 사용하는 용어 정리해보기 친구들에게 좋아하는 운동에 대해 설명해주기
논리수학	운동의 발전 연대기 기록해보기 각 운동에서 중시하는 것이 무엇인지 찾아 카드만들기(예를 들면 태권도에서는 근력, 축구에서는 달리기 능력 등등)
인간친화	인터뷰 게임(다른 사람의 의견 물어보기) 팀으로 운동할 때 필요한 팀 정신이 무엇인지 토론해보기
자기성찰	내가 좋아하는 운동을 찾아보고, 왜 좋아하는지 생각해보기
공간	좋아하는 운동 그림그리기 다양한 경기장 그려보기 간단한 실루엣이나 스틱그림을 이용하여 듣고 알아맞히기
음악	운동과 관련된 노래 부르기 응원가 만들어보기
신체운동	몸짓으로 운동경기 설명하기 응원 제스처, 응원 댄스 만들어보기 아이들에게 내가 좋아하는 운동을 보여주기
자연	실내에서 하는 운동, 실외에서 하는 운동 구분하기 운동을 하면서 지치지 않는 방법 생각해보기

유의사항 : 아이의 수준에 맞춰 낱말을 준비한다.

전 학년 | 날씨 표현 익히기

강점지능	학습 내용
언어	기상 캐스터처럼 일기예보 해보기 그림에 맞는 날씨 표현 듣고 순서대로 늘어놓으며 말하기
논리수학	날씨의 원인 찾아보기
인간친화	표정으로 날씨 알아맞히기, 사람의 감정과 어울리는 날씨 표현 찾기
자기성찰	배운 내용을 혼자 되짚어보기 특정 날씨에 자기 몸에 변화가 있는지 곰곰 생각해보기
공간	날씨 표현에 맞는 그림카드 만들기 날씨에 따라 달라지는 하늘 색깔 예민하게 관찰하기
음악	날씨를 나타내는 오디오 테잎 자료를 듣고 날씨 알아맞추기 날씨를 나타내는 음악이나 소리 만들어보기
신체운동	몸짓을 보고 맞는 표현 알아맞히기 스피드 게임 : 제시된 낱말을 듣고 달려가 맞는 낱말카드 들고 오기
자연	날씨를 미리 알아챌 수 있는 여러 방법 생각해보기 날씨가 변하기전의 기온, 습도, 동물의 울음 소리 등을 기록하기

수학 5학년 | 분수의 덧셈과 뺄셈

강점지능	학습 내용
언어	먼저 문장을 이용하여 문제를 해결할 수 있도록 한 후에 숫자로 문제를 해결하기.
논리수학	원칙대로 수의 기본 원리와 연산법칙, 통분 등을 이용하여 계산하기. 문장제 문제를 해결하는데 어려움이 있을 수 있으므로 숫자로 문제를 해결하는 연습을 충분히 한 후에 문장제 문제를 해결할 수 있도록 하기
인간친화	통분, 받아 올림 등을 각기 다른 사람에게 학습하기. 예를 들어 통분은 아버지가, 받아 올림은 어머니가 지도하도록 한다. 또는 친구들과 함께 학습하기
자기성찰	자신의 풀이과정을 다시 살펴보면서, 틀린 점, 특별히 잘한 점 생각해보기
공간	원을 이용하여 분수를 표시하고, 공간 안에서의 개념을 이용하여 학습하기. 교과서에 제시된 그림 자료 활용하기. 교과서에 제시된 색칠하여 이해하기 활동을 참고로 다양한 활동하기
음악	박자를 이용하여 분수의 개념을 설명한다. $\frac{2}{4}$박자는 $\frac{4}{8}$박자와 길이가 같다는 것을 예로 들어서 설명한다. 오선지 노트에 박자의 통분을 음표로 표시하면서 학습활동을 하기

강점지능	학습 내용
신체운동	구체물을 통해 학습하기. 예를 들어, 고무찰흙을 일정한 분수의 크기로 갈라놓고 어떻게 합칠 수 있는지를 손등을 이용하여 직접적인 조작활동을 해보기. 교과서에 제시된 것처럼 색 테이프를 활용하기. 직접 피자를 먹으며 조각을 나누어 보기
자연	나뭇잎을 이용하여 분수의 개념을 확인할 수 있게 함. 예를 들어 아카시아의 잎이 9개인데 이 중에 3개가 떨어져 나가면 몇 개가 남았는지를 분수로 나타내게 하고, 이 때 자료 준비를 위해서 직접 들판에서 나뭇잎을 따온 후 학습하게하기

유의사항 : 논리수학지능이 높으면 너무 쉽게 문제를 해결하여 오히려 흥미를 잃을 수 있다. 연산이 자동화되도록 지도하되 흥미를 잃지 않게 주의해야 한다.

문장제로 수학 개념을 이해시키는 것은 어렵다. 따라서 인내심을 갖고 차분하게 언어적으로 설명해 주어야 한다.

여럿이 어울려 학습할 때 산만해지지 않도록 유의한다.

평소에 혼자서 문제를 살펴보는 습관을 들이도록 한다.

실제 사물을 이용하면 이해도를 높일 수는 있으나 아이가 산만해질 수 있다 .

자연물을 이용하는 것은 기본 개념이 잡힐 때까지만 해야 한다. 추상적인 문제 해결력이 생겨야 하므로 기본 개념을 이해했으면 이후에는 숫자를 중심으로 학습해야 한다.

과학 5학년 | 공기의 움직임 : 기압과 공기의 움직임

강점지능	학습 내용
언어	바람이 고기압에서 저기압으로 부는 이유를 토론해 본다. 열기구의 원리를 알아보고 아이와 생각을 나눈 뒤 동시로 표현해 보기
논리수학	공기의 움직임을 시간의 순서대로 나타내보기 기압이 달라지는 원인을 생각해보고, 기록하기 기압의 차이를 그래프로 만들어보기
인간친화	왜 바람은 고기압에서 저기압으로 부는지 이어지는 물음에 답을 해가며 아이와 생각을 나눔
자기성찰	기압과 공기의 움직임에 관련된 공부를 할 때 잘 된 점 과 부족한 점을 알아본다.
공간	열기구의 원리에 대해 알아보고 그림으로 표현하기 공기의 밀도를 색의 농도로 표현해보기
음악	수면보다 지면의 온도차가 심한 이유를 알아보고 아는 노래에 가사만 바꾸어 노래로 만들어 불러보기
신체운동	수면보다 지면의 온도차가 심한 이유를 아이와 함께 생각을 나눈 뒤 역할극을 꾸며보기. 한여름 바닷가, 바닷물보다 모래사장이 더 뜨거운 상황을 연극으로 꾸며보기. 이때 바닷물이나 모래가 되어 보도록 하기
자연	일주일 간의 날씨예보를 신문이나 인터넷을 통해 자료를 수집하고 풍향과 기압간의 관계를 유추해 보기. 계절별 날씨예보를 인터넷을 통해 자료를 수집하고 계절별로 풍향과 기압의 변화에 어떤 특징이 있는지 알아보기

유의사항 : 활동을 하는 동안 아이의 생각을 충분히 이끌어내고 정보를 수집하고 정리, 분석할 수 있도록 보완적 역할을 한다.

6학년 | 화산, 화산활동과 암석, 지진

〈주제 1〉 화산

강점지능	학습 내용
언어	화산이 분출하는 모양과 화산이 분출 할 때 나오는 물질에 대해 조사하고 자료집 만들기
논리수학	화산의 생성연대와 원인 알아보기 화산이 폭발할 때 영향 받는 거리를 계산해보기
인간친화	화산 활동이 우리에게 주는 피해와 이로움을 알아보고 그림, 또는 만화로 설명하기
자기성찰	화산활동이 우리에게 주는 피해와 이로움을 보고서로 작성하기 나의 학습활동 돌아보기
공간	화산분출 모형 실험과 용암분출모형 실험하기 실험 결과를 그림 자료로 만들어 설명하기 학습한 내용을 마인드맵으로 정리하기
음악	화산과 화산이 아닌 산의 차이점과 공통점을 랩이나 노래로 바꾸어 부르기, 여러 가지 악기로 표현하기
신체운동	화산이 분출할 때의 상황을 역할극으로 꾸미기 화산이 신체에 주는 영향이 무엇인지 알아보기
자연	화산과 화산이 아닌 산에 관한 자료를 분류하고 차이점과 공통점을 알아본다.

유의사항 : 학습을 위해 필요한 자료를 찾고 정보를 수집하는 것부터 스스로 하게 한다.

〈주제 2〉화산활동과 암석

강점지능	학습 내용
언어	관찰내용을 바탕으로 시 짓기 여러 종류의 암석의 이름 분석하고, 새로운 별명 지어주기
논리수학	화산활동에서 생긴 암석과 퇴적암을 관찰하고 특징 비교하기 암석이 시간에 따라 변화하는 과정을 보고서 형태로 만들기
인간친화	알게 된 내용을 또래 친구들에게 설명하기 친구들과 함께 더 좋은 결과물을 만들 수 있는 방법 생각하기
자기성찰	나의 학습활동 돌아보기 각종 돌을 보고 느껴지는 나의 감정 정리하기
공간	화산활동과 암석의 생성과정을 그림을 보여주며 설명하기 관찰내용을 표와 그림으로 표현하기 학습내용을 마인드맵으로 정리하기
음악	암석의 생성 과정을 랩과 음악으로 표현하기 화산이 분출할 때 생기는 소리를 표현해보기
신체운동	몸으로 ○×문제 풀기 흙에서 암석이 되기까지의 과정을 역할극으로 꾸미기
자연	다양한 돌을 모아서 돌의 색깔, 모양, 생성연대 등을 기록한 소전시회 하기 각종 돌로 무엇을 만드는 것이 좋을 지 생각해보기. 예를 들면 공예품, 집, 탑 등

유의사항 : 학습을 위해 필요한 자료를 찾고 정보를 수집하는 것부터 스스로 하게 한다.

〈주제 3〉지진

강점지능	학습 내용
언어	지진 발생시 일어나는 현상을 신문기사로 써보기
논리수학	지진 발생 연도와 지역을 연결시켜 다음 지진발생 지역 예측하기
인간친화	큰 지진 후의 역사적 변화를 알아보기 지진이 인간의 삶에 어떤 영향을 미쳤는지 생각해보기 지진에 대비하기 위해 사람들이 어떤 노력을 하였는지 알아보기
자기성찰	나의 전체 학습과정을 돌아보고 보완점 찾아내기
공간	지진 발생 시 일어나는 현상을 그림으로 설명하기 지진이 일어나는 까닭을 그림으로 그려 설명하기 지진 내용을 마인드맵으로 정리하기 지층의 휘어짐과 끊어짐을 실험하고 그 결과를 글과 그림으로 보고서 쓰기
음악	지진 현상을 노래가사로 바꿔 부르기 지진의 조짐을 미리 알리는 노래 가사 만들어보기
신체운동	지진 발생시 지층의 움직임을 신체로 표현하기 지진에 의한 피해를 줄이는 방법을 주제로 역할극 꾸미기
자연	지진 발생시 동물들의 반응 조사해보기 지진 발생 후 사람의 몸에 생기는 변화 알아보기 지진 발생 전의 여러 징후 조사해보기

유의사항 : 활동 위주로 흐르다 보면 학습 내용이 산만해질 수 있다. 꼭 필요한 내용이 빠지지는 않았는지 점검한다.

사회   6학년 | 나라를 되찾기 위한 노력

강점지능	학습 내용
언어	나라를 되찾기 위해 활동한 위인에 대해 알아보기 관련된 이야기나 자료 등을 책과 인터넷에서 찾아보기
논리수학	연관성 있는 사건들의 원인과 결과를 알아보고 정리하기 연대별 사건을 늘어놓고 일이 벌어진 순서대로 나열하기 을사조약 이후 나라를 되찾기 위한 여러 가지 활동과 주요 사건을 위주로 연대표 만들기
인간친화	나라의 개념과 내용을 생각해보기 나라를 빼앗기게 된 원인에 대해 토론해보기 나라를 되찾기 위해 생긴 여러 사회조직의 특성 알아보기
자기성찰	만약 내가 나라를 빼앗기는 상황에 처한다면 어떻게 할지 생각해보기 가장 존경하는 인물에 대해 이야기하기 나라와 나의 관계 생각해보기
공간	지역별로 활약한 인물과 업적카드 만들기 역사적 사건을 그림이나 조각으로 표현하기 나라 수호 의지를 나타낼 수 있는 포스터 만들기
신체운동	나라를 되찾기 위해 활동한 인물들의 특징을 몸으로 표현하고 서 로 알아맞히기
음악	독립운동 당시 부르던 노래들 찾아 불러보기 독립운동 당시 노래가 어떤 역할을 하였는가 생각해보기 애국가 새로 작사 혹은 작곡해보기
자연	여러 나라의 자연적 차이점, 생활과 문화의 차이점 생각해보기 침략하는 나라와 침략 받은 나라의 자연적 특성과 그로 인해 국민 성이 영향을 받았는가 생각해보기

유의사항 : 먼저 충실한 역사적 사실을 숙지한 후에 각각의 활동을 실행해본다.

6학년 | 두 차례의 전란 극복

강점지능	학습 내용
언어	임진왜란, 병자호란의 영웅 인터뷰기사 쓰기(이순신, 권율 등), 관련 역사책 읽기, 관련 영화 보고 감상문 쓰기
논리수학	전쟁의 원인과 결과 알아보고 정리하기, 일어난 사건의 순서대로 배열하기
인간친화	전쟁 발생원인과 극복 과정에 대해 토론하기 전쟁이 주는 상처와 피해에 대해 이야기 해보기
자기성찰	위인이 되어 생각해보기 목숨을 걸고 구국의지를 보여준 사람의 생각과 가치관에 찬성하는지 그렇지 않은지 입장을 정해놓고 생각해보기
공간	여러 가지 전쟁 사진과 그림 조사하기, 일본과 청의 침입 경로, 격전지 지도에 표시하기, 연대표 만들기
음악	두 전쟁의 내용을 랩으로 만들어 부르기 전쟁을 잘 표현할 수 있는 소리 만들어보기
신체운동	박물관 견학, 전쟁 전후의 긴박한 상황을 선택해 역할극하기 무술 익히기
자연	유적지 찾아 여행하기, 여행 기록문 쓰기 자연환경을 활용하여 전쟁에서 승리한 경우 찾아보기 동물을 전쟁에 활용한 예를 생각해보기

유의사항 : 각 지능별로 잘하는 것을 골라 역사 신문을 꾸며본다. 이때 기본적인 역사적 사실은 체계적으로 접할 수 있도록 지도한다.

2 강점지능 살리면 상복도 터진다

강점지능 활용의 무대, 학교 행사 참여하기
과학의 달, 장애인의 날, 운동회, 학예회, 경시대회

초등학교에서 정기적으로 열리는 학교 행사나 축제는 함께 준비하고 만들어가는 과정에서부터 작품 발표를 하는 순간까지 학생들에게 잊지 못할 추억을 만들어주는 의미 있는 교육 활동이다. 뿐만 아니라 나만의 강점지능이 무엇인지를 확실히 알 수 있는 기회가 되기도 하며, 또 적극적으로 나만의 강점지능을 활용하는 무대가 되기도 한다.

이렇게 학교 행사를 준비하고 참여하는 가운데 미처 몰랐던 자신의 강점지능을 발견하는 기회가 되기도 하며 그 분야에서 자연스럽게 자신감을 얻을 수도 있다. 더 나아가 자신의 강점지능 분야를 좋아하게 됨으로써 즐거운 마음으로 자신의 강점지능을 계속 계발하는 동기가 되기도 한다.

초등학교 행사는 그 결과에 따라 시상을 하는데 이 또한 아이의 강점지능이 계발될 수 있는 기회가 된다. 상을 받으면 더 잘하고 싶은 마음이 생기고, 그런 마음이 계속 이어지면 그 분야의 강점지능을 더욱 계발하게 되는 중요한 계기가 된다.

학교 행사는 이렇듯 강점지능을 계발할 수 있는 좋은 기회다. 따라서 학교 행사를 적극적으로 활용함으로써 강점지능을 발달시킬 수 있는 좋은 기회를 놓치지 않기 바란다.

과학의 달 행사

4월에 실시되는 과학의 달 행사는 기계과학 공작 경진 대회, 전자과학 실험 경진 대회, 물 로켓 경진 대회, 과학 상상 그리기 대회, 수학 경시 대회, 창의적인 과학실험 경진 대회, 모형 항공기 대회, 자연 관찰 탐구 대회, 과학 탐구 실험 대회, 자연 탐방 대회, 과학의 날 그리기·글짓기·표어·포스터 대회 등 다양한 방식으로 참여가 가능하다. 과학의 날 행사를 강점지능별로 구분해보면 다음과 같다.

논리수학지능이 높은 아이는 수학 경시 대회에 도전하는 것이 좋다. 경시 대회 수준의 고난도 수학 문제를 학습하는 과정에서 교과목에 도움이 될 수도 있다. 언어지능이 높은 아이는 과학의 날 글짓기 대회에 도전해보는 것이 좋다. 과학의 날을 주제로 하거나 발명, 창의 등을 주제로 한 글짓기 연습을 통해 아이의 흥미를 과학 분야로 확장할 수 있다.

신체운동지능이나 공간지능이 높은 아이는 물 로켓 경진 대회나 과학 실험경진 대회에 참가하도록 한다. 모형 만들기, 직접 실험하기에 아이가 높은 관심을 보일 것이다. 음악지능이 높은 아이는 과학의 날 기념식에서 반주를 하는 등의 활동을 할 수 있다.

자연지능이 높은 아이는 자연 관찰 탐구 대회에 나가보는 것이 좋다. 식물관찰일지를 쓰면서 자연에 대한 흥미도 높이고 글짓기 능력에 도움을 줄 수도 있을 것이다. 인간친화지능이 높은 아이는 과학실험 경진 대회에 두 명이 호흡을 맞춰서 실험하는 부문에 출전하는 것이 유리하다. 자기성찰지능이 높은 아이는 자연 관찰 탐구 대회에 나가서 형식을 정하여 자연물을 관찰한다면 잘할 수 있을 것이다.

장애인의 날

장애인의 날 행사 역시 4월에 이루어지는 행사로 자연지능, 자기성찰지능이 높은 아이에게 좋은 기회가 되는 학교 행사이다. 이날 주로 이루어지는 행사는 장애인에 대한 생각을 바꾸기 위한 장애 체험, 장애인을 주제로 한 글짓기·표어 대회 등이다. 자연지능, 자기성찰지능이 높은 아이가 적극적으로 참여하면 얻을 게 많은 행사다.

운동회

운동회는 신체운동·공간·자연지능이 높은 아이가 즐겨 할 수 있는 행사이다. 따라서 아이가 신체운동·공간·자연지능이 높으면 운동회 행사에 적극적으로 참여하여 학교생활에 자신감을 높일 수 있는 계기를 만들 수 있다.

학예회

학예회는 참여하는 아이에게 더욱 오랫동안 기억에 남는 행사다. 뿐만 아니라 평소에 갈고 닦은 장기를 뽐내기에 좋은 기회가 되며 친구들에게도 좋은 인상을 심어줄 수 있는 절호의 기회다. 평소에 강점지능을 찾아 아이가 꾸준히 재능을 키울 수 있도록 한다면 더욱 빛을 발할 것이다. 기회는 준비된 자에게 온다는 말도 있지 않은가. 학예회에 참여하여 장기를 뽐낼 수 있는 분야는 다음과 같다.

논리수학지능과 언어지능이 높은 아이는 '논설 웅변'에 나가는 것이 좋다. 논설문을 웅변 형식으로 바꾸고 웅변으로 표현하는 법을 지도한다. 특히 언어지능이 높은 아이는 '영어 말하기'도 적당하다. 영어 말하기 대본을 구하여 지도한다.

신체운동지능이 높은 아이는 발레나 한국 무용, 태권도 시범 등을 연습해서 발표하는 것이 좋다. 음악지능이 높은 아이는 여러 가지 악기를 연주하거나 타령, 민요를 연습하여 발표할 수 있다.

공간지능이 높은 아이는 그림을 그리거나 조립 완구를 만들어 전시회를 갖는 활동이 적당하다. 자연지능이 높은 아이는 자연 탐구 대회 출전 결과를 발표하고 전시하는 활동이 있다.

인간친화지능이 높은 아이는 친구들을 모아서 연극 공연을 기획하고 공연하는 것이 적당하다. 자기성찰지능이 높은 아이는 대상을 정해 편지를 쓰고 낭독하는 훈련을 통해 '편지글 낭독' 을 할 수 있다.

경시 대회

학교 교내에서 실시하는 경시 대회로는 수학·과학 경시 대회가 있다. 이 대회는 수학, 과학 등 교과 중심의 시험이 행사 활동의 주가 된다. 따라서 논리수학지능이 높으면서 평소에 이 교과목 학습을 충실히 한 아이라면 자신의 강점지능을 드러낼 수 있는 좋은 기회가 될 것이다.

참고문헌 | 강점지능 살리면 뜯어말려도 공부한다

국내 문헌

강태욱 | 2001 | 논리-수학적 지능을 활용한 수업방법의 효과분석

경남 다중지능연구회 | 2003 | 다중지능 교실을 꿈꾸며, 교과교육연구회

곽현선 | 1999 | 다중지능이론에 기초한 쓰기통합교육과정 개발, 한양대학교 대학원

김명희, 이경희 옮김 | 1998 | 다중지능의 이론과 실제 Howard Gardner, 양서원

김서경, 김인영 | 2003 | 다중지능이론을 적용한 음악과 교수학습 지도 방안 연구

김숙영 | 2002 | 초등영어 우수학습자가 보이는 다중지능과 학습전략의 관계

김양현 | 1999 | 다중지능 이론과 교육적 시사

김정민 | 2000 | 언어적 지능을 활용한 교수-학습방법이 학업성취에 미치는 효과, 연세대학교 대학원

류숙희 | 1996 | 지각된 다중지능의 집단차와 IQ및 성적과의 관계 분석 연구, 서울대학교 교육학

류숙희 | 2006 | 학습부진과 다중지능이론-다중지능이론과 창의성교육, 서울초등다중지능교육연구회

류완영, 김명희 | 1999 | 다중지능 이론과 교육과정 개발. 교육과정연구.

문용린 | 2006 | MI 적성 진로진단 검사, 한국교육평가센터

문용린, 김주현, 류숙희 | 2002 | 다중지능이론과 진로교육가능성 탐색. 서울대 도덕심리연구실.

문용린 | 1999 | 다중지능이론의 교육적 의미와 학교에서의 활용방안 연구, 서울대학교 교육행정연수원

박경옥 | 2005 | 다중지능을 활용한 문학 교수 · 학습 방안 연구

박성은 | 1996 | 개인적 지능과 학습양상에 관한 연구

박지영 | 2004 | 유쾌한 심리학, 파피에

성은현 | 2003 | 창의적 사고력과 공간도형지능, 학업성적, 창의적 인성과의 관계

신명희 | 2000 | 다중지능이론에 기초한 교수-학습방법 연구. 교육학 연구

신민숙 | 2002 | 초등학생의 진로적성과 다중지능 및 학업성적과의 관계, 한양대학교 교육대학원

유승희 | 2004 | 다중지능이론에 기초한 러닝 센터 연구, 대구교육대학교

이성은, 황영미 | 2003 | 동시를 통한 총체적 언어교육이 아동의 다중지능 발달에 미치는 효과

이영만 | 2004 | 다중지능의 연계와 확장을 위한 교수전략의 효과, 초등교육연구

이윤경 | 2004 | 초등학생을 위한 정서지능프로그램이 정서지능 및 학업성취도에 미치는 효과

이현미 | 2005 | Howard Gardner 다중지능이론을 기초한 미술표현활동에 대한 고찰

이호성 | 2005 | 다중지능이론을 활용한 효과적인 영어학습에 관한 연구 : 초등학교 영어 수업을 중심으로, 단국대학교

임채성 | 2004 | 초등 과학교수학습에서 다중지능의 활용 유형에 관한 연구, 과학교육연구

조향숙 | 2002 | 다중지능 통합수업을 통한 창의적 사고력 신장, 현장교육연구보고서

최은순 | 2002 | 다중지능 중심 통합적 수업이 초등학생의 다중지능 발달, 자기주도적 학습능력 및 학교생활적응에 미치는 효과,

광주교육대학교 교육대학원

한은주 | 2003 | 다중지능(MI)이론 적용을 통한 창의성 함양, 대구매호초등학교 교과교육연구회

홍상완, 서경화 | 2004 | 다중지능 이론에 기초한 강점지능 활용 체육과 교수-학습활동의 효과 분석, 대구교육대학교

홍은숙 | 2002 | 가드너의 '다중지능' 및 '이해를 위한 교수' 이론의 지식교육에의 시사점 연구. 교육철학

황은영 | 2000 | 다중지능과 학습양식 및 학업성취도 관계 연구, 교육과학연구

황정규 | 1997 | 지능의 요인이론, 요소이론, 다지능이론의 비교 분석교육심리연구

국외 문헌

Gardner, H (1984), Frames of mind. USA: Basic Books. (1993a), Creating minds. USA: Basic Books.

(1993b), Multiple Intelligence. USA: Basic Books. (1997), Intelligence. USA: Basic Books.

Ghosn, Iram K (1997). Teaching EFL to Multiple Intelligences. Paper Presented at the Annual Meeting of the

Teachers of English to Speakers of Other Language(31st, Orlando, FL, March 11-15, 1997). ED 438 713.

Osborne, F. et al (1992), "Evaluation of an Instrument for Measuring Multiple Intellgence", Revised version of a

paper presented at the annual Meeting of the Kentucky Academy of Sciences, October, Ashland, KY.

Shearer, C. B., Jones, James A.(1994), "The Validation of the Hillside Assessment of Perceived

Intelligences(HAPI) : A Measure of Howard Gardner's theory of Multiple Intelligences", Paper prepared for the

Annual Meeting of the American Educational Research Association April 4-8. New Orleans, LA.